深圳改革创新丛书·第四辑

陈蔼贫◎主编

求索中奋进

——深圳住房制度改革与实践

中国社会科学出版社

图书在版编目（CIP）数据

求索中奋进：深圳住房制度改革与实践／陈蔼贫主编 . —北京：中国社会科学
出版社，2017.5

（深圳改革创新丛书 . 第四辑）

ISBN 978-7-5161-9849-0

Ⅰ.①求… Ⅱ.①陈… Ⅲ.①住房制度改革—研究—深圳 Ⅳ.①F299.233.1

中国版本图书馆 CIP 数据核字（2017）第 031356 号

出 版 人	赵剑英	
责任编辑	王 茵 马 明	
责任校对	胡新芳	
责任印制	王 超	

出 版	中国社会科学出版社	
社 址	北京鼓楼西大街甲 158 号	
邮 编	100720	
网 址	http://www.csspw.cn	
发 行 部	010-84083685	
门 市 部	010-84029450	
经 销	新华书店及其他书店	

印 刷	北京君升印刷有限公司	
装 订	廊坊市广阳区广增装订厂	
版 次	2017 年 5 月第 1 版	
印 次	2017 年 5 月第 1 次印刷	

开 本	710×1000 1/16	
印 张	14.5	
插 页	2	
字 数	207 千字	
定 价	63.00 元	

《求索中奋进》编委会

顾　　　问：吕锐锋　李廷忠　许重光　张学凡
　　　　　　李荣强　杨胜军
主　　　编：陈蔼贫
编写组成员：董远智　吴春兴　李长江　崔贻光
　　　　　　倪奇昕　钟宏萍　李　洋　仙慧琴

总序：突出改革创新的时代精神

王京生[*]

在人类历史长河中，改革创新是社会发展和历史前进的一种基本方式，是一个国家和民族兴旺发达的决定性因素。古今中外，国运的兴衰、地域的起落，莫不与改革创新息息相关。无论是中国历史上的商鞅变法、王安石变法，还是西方历史上的文艺复兴、宗教改革，这些改革和创新都对当时的政治、经济、社会甚至人类文明产生了深远的影响。但在实际推进中，世界上各个国家和地区的改革创新都不是一帆风顺的，力量的博弈、利益的冲突、思想的碰撞往往伴随改革创新的始终。就当事者而言，对改革创新的正误判断并不像后人在历史分析中提出的因果关系那样确定无疑。因此，透过复杂的枝蔓，洞察必然的主流，坚定必胜的信念，对一个国家和民族的改革创新来说就显得极其重要和难能可贵。

改革创新，是深圳的城市标识，是深圳的生命动力，是深圳迎接挑战、突破困局、实现飞跃的基本途径。不改革创新就无路可走、就无以召唤。30多年来，深圳的使命就是作为改革开放的"试验田"，为改革开放探索道路。改革开放以来，历届市委、市政府以挺立潮头、敢为人先的勇气，进行了一系列大胆的探索、改革和创新，使深圳不仅占得了发展先机，而且获得了强大的发展后劲，为今后的发展奠定了坚实的基础。深圳的每一步发展都源于改革创新的推动；改革创新不仅创造了深圳经济社会和文化发展的奇迹，而且使深圳成为引领全国社会主义现代化建设的"排头兵"。

---

* 王京生，现任国务院参事。

从另一个角度来看，改革创新又是深圳矢志不渝、坚定不移的命运抉择。为什么一个最初基本以加工别人产品为生计的特区，变成了一个以高新技术产业安身立命的先锋城市？为什么一个最初大学稀缺、研究院所几乎是零的地方，因自主创新而名扬天下？原因很多，但极为重要的是深圳拥有以移民文化为基础，以制度文化为保障的优良文化生态，拥有崇尚改革创新的城市优良基因。来到这里的很多人，都有对过去的不满和对未来的梦想，他们骨子里流着创新的血液。许多个体汇聚起来，就会形成巨大的创新力量。可以说，深圳是一座以创新为灵魂的城市，正是移民文化造就了这座城市的创新基因。因此，在特区 30 多年发展历史上，创新无所不在，打破陈规司空见惯。例如，特区初建时缺乏建设资金，就通过改革开放引来了大量外资；发展中遇到瓶颈压力，就向改革创新要空间、要资源、要动力。再比如，深圳作为改革开放的探索者、先行者，在向前迈出的每一步都面临着处于十字路口的选择，不创新不突破就会迷失方向。从特区酝酿时的"建"与"不建"，到特区快速发展中的姓"社"姓"资"，从特区跨越中的"存"与"废"，到新世纪初的"特"与"不特"，每一次挑战都考验着深圳改革开放的成败进退，每一次挑战都把深圳改革创新的招牌擦得更亮。因此，多元包容的现代移民文化和敢闯敢试的城市创新氛围，成就了深圳改革开放以来最为独特的发展优势。

30 多年来，深圳正是凭着坚持改革创新的赤胆忠心，在汹涌澎湃的历史潮头上劈波斩浪、勇往直前，经受住了各种风浪的袭扰和摔打，闯过了一个又一个关口，成为锲而不舍地走向社会主义市场经济和中国特色社会主义的"闯将"。从这个意义上说，深圳的价值和生命就是改革创新，改革创新是深圳的根、深圳的魂，铸造了经济特区的品格秉性、价值内涵和运动程式，成为深圳成长和发展的常态。深圳特色的"创新型文化"，让创新成为城市生命力和活力的源泉。

2013 年召开的党的十八届三中全会，是我们党在新的历史起点上全面深化改革做出的新的战略决策和重要部署，必将对推动中国特色社会主义事业发展、实现民族伟大复兴的中国梦产生重大而深远的影响。深圳面临着改革创新的新使命和新征程，市委市政府打出全面深化改革组合拳，肩负起全面深化改革的历史重任。

如果说深圳前30年的创新，主要立足于"破"，可以视为打破旧规矩、挣脱旧藩篱，以破为先、破多于立，"摸着石头过河"，勇于冲破计划经济体制等束缚；那么今后深圳的改革创新，更应当着眼于"立"，"立"字为先、立法立规、守法守规，弘扬法治理念，发挥制度优势，通过立规矩、建制度，不断完善社会主义市场经济制度，推动全面深化改革，创造新的竞争优势。特别是在党的十八届三中全会后，深圳明确了以实施"三化一平台"（市场化、法治化、国际化和前海合作区战略平台）重点攻坚来牵引和带动全局改革，推动新时期的全面深化改革，实现重点领域和关键环节的率先突破；强调坚持"质量引领、创新驱动"，聚焦湾区经济，加快转型升级，打造好"深圳质量"，推动深圳在新一轮改革开放中继续干在实处、走在前列，加快建设现代化国际化先进城市。

如今，新时期的全面深化改革既展示了我们的理论自信、制度自信、道路自信，又要求我们承担起巨大的改革勇气、智慧和决心。在新的形势下，深圳如何通过改革创新实现更好更快的发展，继续当好全面深化改革的排头兵，为全国提供更多更有意义的示范和借鉴，为中国特色社会主义事业和实现民族伟大复兴的中国梦做出更大贡献，这是深圳当前和今后一段时期面临的重大理论和现实问题，需要各行业、各领域着眼于深圳全面深化改革的探索和实践，加大理论研究，强化改革思考，总结实践经验，作出科学回答，以进一步加强创新文化建设，唤起全社会推进改革的勇气、弘扬创新的精神和实现梦想的激情，形成深圳率先改革、主动改革的强大理论共识。比如，近些年深圳各行业、各领域应有什么重要的战略调整？各区、各单位在改革创新上取得什么样的成就？这些成就如何在理论上加以总结？形成怎样的制度成果？如何为未来提供一个更为明晰的思路和路径指引？等等，这些颇具现实意义的问题都需要在实践基础上进一步梳理和概括。

为了总结和推广深圳当前的重要改革创新探索成果，深圳社科理论界组织出版了《深圳改革创新丛书》，通过汇集深圳市直部门和各区（新区）、社会各行业和领域推动改革创新探索的最新总结成果，希图助力推动深圳全面深化改革事业的新发展。其编撰要求主要包括：

首先，立足于创新实践。丛书的内容主要着眼于新近的改革思维与创新实践，既突出时代色彩，侧重于眼前的实践、当下的总结，同时也兼顾基于实践的推广性以及对未来的展望与构想。那些已经产生重要影响并广为人知的经验，不再作为深入研究的对象。这并不是说那些历史经验不值得再提，而是说那些经验已经沉淀，已经得到文化形态和实践成果的转化。比如说，某些观念已经转化成某种习惯和城市文化常识，成为深圳城市气质的内容，这些内容就可不必重复阐述。因此，这套丛书更注重的是目前行业一线的创新探索，或者过去未被发现、未充分发掘但有价值的创新实践。

其次，专注于前沿探讨。丛书的选题应当来自改革实践最前沿，不是纯粹的学理探讨。作者并不限于从事社科理论研究的专家学者，还包括各行业、各领域的实际工作者。撰文要求以事实为基础，以改革创新成果为主要内容，以平实说理为叙述风格。丛书的视野甚至还包括为改革创新做出了重要贡献的一些个人，集中展示和汇集他们对于前沿探索的思想创新和理念创新成果。

最后，着眼于解决问题。这套丛书虽然以实践为基础，但应当注重经验的总结和理论的提炼。入选的书稿要有基本的学术要求和深入的理论思考，而非一般性的工作总结、经验汇编和材料汇集。学术研究须强调问题意识。这套丛书的选择要求针对当前面临的较为急迫的现实问题，着眼于那些来自经济社会发展第一线的群众关心关注或深入贯彻落实科学发展观的瓶颈问题的有效解决。

事实上，古今中外有不少来源于实践的著作，为后世提供着持久的思想能量。撰著《旧时代与大革命》的法国思想家托克维尔，正是基于其深入考察美国的民主制度的实践之后，写成名著《论美国的民主》，这可视为从实践到学术的一个范例。托克维尔不是美国民主制度设计的参与者，而是旁观者，但就是这样一位旁观者，为西方政治思想留下了一份经典文献。马克思的《法兰西内战》，也是一部来源于革命实践的作品，它基于巴黎公社革命的经验，既是那个时代的见证，也是马克思主义的重要文献。这些经典著作都是我们总结和提升实践经验的可资参照的榜样。

那些关注实践的大时代的大著作，至少可以给我们这样的启示：哪怕面对的是具体的问题，也不妨拥有大视野，从具体而微的实践探索中展现宏阔远大的社会背景，并形成进一步推进实践发展的真知灼见。《深圳改革创新丛书》虽然主要还是探讨本市的政治、经济、社会、文化、生态文明建设和党的建设各个方面的实际问题，但其所体现的创新性、先进性与理论性，也能够充分反映深圳的主流价值观和城市文化精神，从而促进形成一种创新的时代气质。

目　录

导　论

住房问题既是发展战略问题，又是社会稳定问题，事关国计民生，维系千家万户，老百姓的住房梦是中华民族伟大复兴的中国梦的重要组成部分。我国住房制度改革一路走来，虽艰难曲折，然成绩斐然。这其中国家制度层面的顶层设计和先行先试是改革成功不可或缺的两个重要方面。深圳历来就是住房制度改革的"先行者"和"试验田"，回顾总结深圳房改历程和经验，不仅是还原历史，也对未来深圳乃至全国房改的进一步深化有着积极的借鉴作用。

一　改革背景的复杂性

深圳于 1979 年建市，1980 年建立经济特区。建市是在广东省宝安县的基础上设立深圳市，建特区是把全市一分为二，谓之特区内和特区外，至 2010 年才把特区范围扩大到全市。在此期间，深圳的农村城市化经历了特区初创时期的起步阶段、20 世纪 90 年代的特区内城市化阶段和 21 世纪初的特区外城市化阶段。土地分别通过征地拆迁、特区内"统征"、特区外"转地"实行国有化。城市总体规划也经历了三次编制，分阶段从特区内扩展到全市区域。由此形成了城乡二元结构、特区内外差异化和城市化发展不平衡的矛盾。特别是 20 多年来处于特区外的宝安、龙岗区域，不同程度存在先建设后规划、先工业化后城市化、先污染后治理的尖锐矛盾，不可避免影响全市住房建设格局和地产市场规范。随着特区发展和城市建设的推进，人口激增与资源短缺、开发强度与空间管制、利益驱动与宏观调控的矛盾日益突出，集中表现为住房供求关系紧张，住房市场刚需持续强劲，并直接促成和推动了三大板块的住房供给：一是原村民的老祖屋、自建房、统建房、配建房由最初的自住，逐步走向出租、合建、销售，形成庞大的法外住宅市场；二是机关、驻军、企事业单位划地建房，其中大部分住房合法合规，也有相当部分违法违规，甚至出现与农村集体经济组织合作建房、租地建房、集资建房和占用公共空间建房的情况；三是房地产市场由孕育培育到成长壮大，使深圳成为最早拍卖土地、最早形成房地产市场、最早引入物业管理和房地产中介服务等产业链的城市。据近年住房调查结果显示，全市商品住房面积占比 22.5%，政策性保障性住房面积占比 5.4%，原村民或集体经济组织原有或自建或合建的住房面积占比 50.3%，部分单位及个人建房以及工业区配套宿舍面积占比 21.8%。这就表明在整个住房结构中，合法合规、手续完善的住房占比不高，违法建筑及历史遗留的法外建筑总量居高，临时性、过渡性住房占比较大，许多住房存在质量通病、安全隐患和配套不足等问题，存量住房对于改善型、宜居型住房需求的满足度不够，全社会对城中村、老住宅区、老工业区的城市更新改造呼声高涨。

由此可见，深圳住房制度改革的背景极其复杂，矛盾相互交织，问题随处可见，呈现历史遗留矛盾与现实派生矛盾伴随、单一矛盾与多个矛盾互动、表层矛盾与深层矛盾重叠的矛盾群格局。在诸多矛盾冲突中，对于城市经济社会转型发展，对于住房制度改革深化，对于最佳人居环境的住房梦，制约影响最大的主要矛盾更加凸显：

一是人口规模与城市空间的矛盾。深圳人口规模巨大，城市空间狭小，人地矛盾突出。几年前，市规划国土部门举办土地市情展的主题是《1500/1991》，两个数字赫然在目，形象地表明深圳在 1991 平方公里土地上承载 1500 万人口的严峻局面。到 2015 年，全市年末常住人口总数为 1200 万人，实际管理人口又攀升至近 2000 万人，与人口规模相当的特大城市相比，深圳的土地空间仅为北京的 1/8、上海的 1/3、广州的 1/4；以此数据，按常住人口规模计算，深圳每平方公里人口高达 5400 人，人口密度位居全国第一，若按实际人口规模计算，每平方公里人口高达 10040 人，在世界范围内也是人口密度最高的城市之一。2014 年，全市建成区面积 968 平方公里，占行政辖区土地总面积的 48.6%，城市开发程度全国最高并接近建设用地极限，新增建设用地持续减量增长并逼近于零，目前住房建设土地供应主要来自城市更新。由人地矛盾产生的住房问题非常突出，除了导致房价过快上涨外，人均住房面积提升也受到制约，按 2012 年年底的住房总量 5.2 亿平方米计算，全市实际人口人均居住面积仅 26 平方米，低于全国平均水平。

二是户籍人口与非户籍人口的矛盾。目前，深圳户籍人口为 370 万人，占常住人口的 30.8%；非户籍人口 830 万人，占常住人口的 69.2%。值得重视的是，除上述常住人口外，还有近一千万外来人口未纳入常住人口统计范围，人口结构倒挂现象实际上更为严重。如果说地域空间资源是城市发展的基础资源，那么人口素质和人才资源是城市发展的根本性资源。一般来说，解决户籍人口和常住人口的住房问题，政策比较明朗，而解决外来人口的住房问题，难度较大，不确定因素更多，因为城市的公共资源如住房、教育、医疗、卫生等，都与户籍相关，如若外来人口占比过大，客观上将导致公共资源配给不足，无论政府量力而行还是尽力而为，均会出现影响这个庞大群体"宜居""宜业"和城市稳定、可持续发展的滞后性。

三是市场机制与公共资源的矛盾。市场机制与公共资源的矛盾本质上为效率与公平的矛盾，即做大蛋糕与分蛋糕的问题。从市场发展看，深圳是改革开放的窗口，最早引入市场经济体制，经过 30 多年的发展，已成为珠三角乃至全国最重要的经济中心城市，市场机制最完善，市场体系最完整，市场在资源配置中已经发挥决定性作用。从公共资源配置看，公共资源事关公众福利与社会运转效率，也是社会资源的再分配，主要由政府统一规划与供给。尽管深圳城市发展迅猛，经济快速增长，但由于人口增长更快，且人口结构倒挂现象严重，即使市场体系较为成熟，仍出现公共资源配置跟不上市场的问题，除交通、环保等欠账外，全市教育、医疗、养老、文化、体育等公共服务设施既分布不均，又普遍稀缺，进而产生市场效率与社会公平之间的矛盾。

深圳在这样的背景下推进住房制度改革，注定不可一蹴而就，也不会一帆风顺，改革步伐是否稳健取决于化解矛盾冲突的勇气与能力。如果回避问题、掩盖矛盾，甚至害怕出问题，不敢触及既得利益，就抓不住问题的实质，使改革一筹莫展、束手无策，或者在创新破题时举棋不定、浅尝辄止，容易陷入思想僵化、故步自封、不思进取、安于现状的状况。"艰难困苦，玉汝于成。"深圳只有迎难而上，才能走出住房制度改革的创新路子。

二　问题导向的正能量

深圳住房制度从来就不是十全十美的，有问题、有矛盾是不可避免的客观现象。问题成堆、矛盾普遍，可以成为改革阻力，也可以成为改革动力，关键在于问题导向。从方法论角度看，强化问题意识、树立问题导向，是一种理性的、积极的、智慧的思想方法和工作方法，它与深入调查研究、坚持群众路线相衔接，与遵循实事求是、坚持科学决策相结合，就能形成深化改革、推进创新的正能量。

就全国范围而言，传统的城镇住房制度是一种以国家统包、无偿分配、低租金、无限期使用为特点的实物福利性住房制度。这种住房体制是与新中国成立后社会经济发展水平和人民生活条件相适应的，因而在当时曾发挥了积极作用，使广大城镇居民获得了住房保障。

但随着我国社会经济的发展，人民生活水平不断提高，城镇人口迅速增长，福利性住房分配制度的弊端日益凸显。政府和企事业单位投资建房存在投入产出倒挂，每年倒贴大量维修资金，住房建设资金匮乏并恶性循环，住宅建设缓慢，职工居住条件长期得不到改善，也严重地阻遏了住宅及房地产业的发展，住房制度改革势在必行。

中国的住房制度改革起始于 1980 年邓小平关于住房问题的讲话。邓小平说：要考虑城市建筑住宅、分配房屋的一系列政策。城镇居民个人可以购买房屋，也可以自己盖。不但新房子可以出售，老房子也可以出售。可以一次付款，也可以分期付款，10 年、15 年付清。住宅出售以后，房租恐怕要调整。要联系房价调整房租，使人考虑到买房合算。

深圳作为中国改革开放的先锋城市，最早启动了住房制度改革，于 1988 年 6 月出台《深圳经济特区住房制度改革方案》，率先在全国停止住房实物分配，实行住房商品化和住房分配货币化，全市住房供应基本形成两条轨道：一条是政府投资建房，出售给党政机关事业单位职工和部分企业职工，另一条是房地产公司投资建房，通过市场租售。至 2006 年，深圳基本完成"市场化"房改，实现了从福利型住房分配体制向住房商品化、市场化、社会化的住房供应体制转变。

然而，市场不是万能的，仅依靠市场并不能完全解决居民的住房问题并保障居民的基本住房权利。随着"市场化"房改基本完成，深圳的商品房市场空前繁荣，但和全国一样，房价持续攀升，部分居民家庭住房困难。面对这种情况，建立市场经济条件下政府主导的住房保障体系既是必要的，也是十分紧迫的。

以 2007 年 8 月《国务院关于解决城市低收入家庭住房困难的若干意见》为转折点，深圳以市场化为导向的住房制度改革，转入以建立和完善住房保障体系为重点的深化改革阶段。进入这一阶段的住房问题和社会矛盾呈现了集中爆发的态势，对深圳住房制度改革的决策层、执行层以及承受层均形成了巨大的压力和挑战，同时也考验着人们的智慧与能力。

（一）住房保障方式的制度设计

2007 年的国务院文件规定，住房保障的方式是廉租房和经济适用房，前者解决特困家庭住房困难，后者解决低收入家庭住房困难。按文件精神套入深圳，户籍人口中的特困家庭不超过一万户，据 2007 年全市进行的普查，低收入家庭 5.78 万户（这其中还含有非户籍常住人口）。而且特困和低收入的基准线明显高于其他城市，实现住房保障的难度似乎不大。问题在于，深圳作为移民城市，崇尚

"来了就是深圳人"理念，住房保障是保户籍人口还是保常住人口？深圳作为创业创新城市，致力于打造人才高地，住房保障要不要保障人才群体，特别是新进入深圳的大学生及其他初、中级人才？深圳城市空间有限，土地供应紧张，保障房作为稀缺资源，是一卖了之，还是租售结合、以租为主？深圳市场要素活跃，不仅商品房，而且政策性保障性住房的投资、投机功能明显，如何把住房保障纳入法制框架，依法规范市场和管理保障性住房？

　　围绕上述问题，深圳在充分调查研究的基础上，着眼于城市发展战略和住房保障体系的可持续性，以实事求是的态度从基本市情出发，既遵循上级文件的基本原则和精神，又勇于创新住房保障方式的制度设计。一是 2007 年年底出台《关于进一步促进我市住房保障工作的若干意见》，在国家提出的廉租住房和经济适用房模式基础上，率先增设包括人才住房、产业配套住房在内的公共租赁住房，着力解决户籍低收入家庭和新就业人员的住房困难。虽然这一做法当时因与红头文件不符而受到上级检查组的质疑，引起了不大不小的争议，但随着 2010 年《国务院办公厅关于促进房地产市场平稳健康发展的通知》明确要大力发展公共租赁住房后，这一争议才尘埃落定。二是市人大于 2010 年年初运用特区立法权，制定和颁布《深圳市保障性住房条例》，并于 7 月 1 日起实行，率先在立法层面完善和规范住房保障制度。三是市委市政府于 2010 年 5 月发布《关于实施人才安居工程的决定》，随后推出"十百千万"人才安居方案，为加快实施人才强市战略、打造人才"宜聚"城市提供了住房政策配套。四是在全市户籍低收入家庭基本实现应保尽保的前提下，将住房保障的重点逐步转向户籍"夹心层"家庭和各类人才家庭，于 2011 年 6 月发布《深圳市安居型商品房建设和管理暂行办法》，以"标定地价、向下竞房价"等方式，通过市场机制扩大保障房的开发渠道与建设规模。五是基于全市住房保障体系的完善与规范，于 2012 年年底出台《深圳市住房保障改革创新纲要》，明确提出减少直至停止经济适用住房建设与供给，以公共租赁住房和安居型商品房为住房保障的基本模式。

　　历经数年的不懈努力，坚持实践探索与法制建设交替前行、创新突破与制度设计紧密衔接，深圳形成了独具特色的住房保障体系：保障对象从户籍低收入家庭扩大到户籍无房家庭，以安居型商品房、公共租赁住房解决户籍无房家庭住房困难；保障范围从户籍住房困难家庭向非户籍住房困难人才家庭延伸，以公共租赁住房、租房补贴解决非户籍人才家庭住房困难；创新保障性住房产权管理模式，由政府直接投资与运营转变为政府与社会投资并举、政府与企业运营相结合；创新保障性住房建设与筹集方式，由新供建设用地建设保障性住房转变为盘活存量土地、城市更新配建和利用地铁、公交场站集约综合开发等方式为主建设保障性住房；创新保障性住房管理机制，整合资源，明确分工，由市住房保障主管部门直接管理为主转变为全市统筹协调、各区属地管理以及企业分类分层次管理。

（二）市场作用与政府作为

在党的十八届三中全会召开前夕，中央政治局首次围绕住房问题进行集体学习。习近平总书记对我国未来住房发展提出了四个关系，即政府提供公共服务和市场化的关系、住房发展的经济功能和社会功能的关系、需要和可能的关系、住房保障和防止福利陷阱的关系。这四个关系实质上是以厘清政府和市场的关系为出发点，确立未来住房发展的基本指导思路。

在我国住房发展过程中，政府与市场的关系一直未厘清到位，并长期呈现政府"缺位"与"越位"并存的局面。从"缺位"看，一方面表现在政府在相当一段时期内把住房问题一揽子丢给市场，商品住房发展过快，基本住房保障的供给没有到位，低收入人群住房问题解决不足；另一方面表现在政府对市场供应体系的培育或激发不到位，使得多层次住房市场供应机制受到抑制。"越位"也有两个方面表现，一方面表现在政府对经济适用住房、限价房与商品房的边界不清，另一方面表现在政府逆市场规律的干预，造成了供应的实际紧缩和房价继续上涨的预期。政府"缺位"与"越位"并存的问题，对于市场来说，影响了市场活力的激发，进而影响住房市场供应的增长，在某种程度上造成了房价快速上涨。

深圳在住房制度改革中重视吸取以往的经验教训，比较注重处理市场导向与政府作为的关系，坚持"市场+政府"两条腿走路，并经过不断探索形成了住房发展的基本思路。一是"让市场回归市场"，以经济手段调节替代行政干预措施，以长效机制调控住房市场，并满足高收入居民的住房需求；二是"为中端提供支持"，进一步完善安居型商品房制度，充分发挥企业参与安居型商品房建设的积极性，加大对普通居民家庭等中端群体的住房政策支持力度，并完善广覆盖的住房货币补贴政策；三是"为低端提供保障"，以政府财政直接投资建设、向社会融资建设或委托开发商代建的公共租赁住房为主，住房补贴为辅，进一步加强对户籍和非户籍低收入居民家庭的住房保障。

目前商品房、安居型商品房、公共租赁房已成为深圳住房的三大主体类型，其中商品房由市场主导，公共租赁房由政府主导，而安居型商品房则是政府调控和市场运作相结合的产物。由此基本上形成"让市场回归市场，为保障提供保障"的住房新格局，构成深圳"多渠道、分层次、广覆盖"的住房供应体系。

（三）多渠道增加保障房建设规模

为尽快形成保障性住房的建设规模和加大供应量，《深圳市住房建设规划（2006—2010）》提出在"十一五"期间建设14万套保障房的目标，意味着全市保障性住房进入了规模建设阶段。但深圳土地资源紧缺，新增建设用地供应不足的问题非常突出，仅通过新增用地选址进行保障性住房建设，难以完成"十一五"规划目标。为此，市政府于2007年发布《关于进一步促进深圳市住房保障工作的若干意见》，并制定《深圳市住房保障发展规划》，明确了住房空间的来源，创造性地提出通过八条渠道来增加保障性住房的建设规模。

一是政府直接批地建设。主要是通过新增用地选址，由市、区政府直接投资组织建设保障性住房。该类项目用地权属清晰，无拆迁补偿等问题，政府建设便于监管，有效并快速地增加了保障性住房供应。

二是利用地铁上盖物业建设保障房。深圳借鉴香港经验，借力轨道交通建设开展地铁上盖物业开发，分别在前海、横岗、蛇口西、塘朗山等车辆段的上盖总建筑面积中安排 40%—60% 用于建设保障房。

三是在部分出让的商品住宅用地上按一定比例配套建设保障房。如观澜街道、龙华街道、大工业区等区域五个新增商品住房项目建成后，其住宅建筑总面积 15% 的住房将移交当地政府作为保障性住房。但上述配建项目也存在保障性住房与商品住房有明显分区、配套有别等问题，未能实现真正意义的混居，引起了部分保障人群的不满。

四是在旧城旧区旧村改造中按一定比例配建保障房。此方式是深圳盘活存量用地建设保障房的较好方式。目前已出台《深圳市城市更新项目保障性住房配建比例暂行规定》，规定了具体配建方式和配建比例，使之成为保障房建设的重要渠道。

五是利用规划调整在符合规划的待建土地上建设保障房。通过此种方式，可将其他功能的未建用地通过功能调整改变为居住用地，进行保障性住房建设。此类项目推进过程中，涉及土地功能调整、开发建设模式、土地权属回收、原产权人利益补偿等多方面政策问题，目前大量项目仍处于个案处理阶段，相关规范仍在研究过程中。

六是各类产业园区集中配套建设公寓、宿舍。主要是通过新出让工业用地由项目单位配套建设宿舍，或在产业园区集中的区域统一配套建设宿舍，解决园区职工的住房问题。

七是政府依法没收的可用于居住的住房。如南山区的东明花园项目，属政府没收的违法建筑，将其改建为公共租赁住房。

八是政府向社会统一购、租住房。该渠道实际开展较为困难，其一，市场商品住房价格高昂，难以作为购、租对象；其二，以城中村为代表的老旧住宅又存在安全隐患，不适宜作为购租对象。在深圳筹集原村集体统建楼用于住房保障的项目中，大部分未成功，个别已统租的项目也存在空置和运营问题，实际上也难以使用。

（四）创新融资模式解决资金来源

随着全市保障性住房，特别是公共租赁住房的大规模建设，政府资金短缺问题凸显，也产生了保障性住房项目政府回购滞后、建设周期拉长、政府负债增加等问题。为破解资金短缺难题，深圳在市区财政拨付专项资金、土地出让净收益10%的资金渠道基础上，通过企业代建、BT、BOT等方式吸纳了社会资金参与保障性住房建设，并将租售保障性住房及其配套设施收回的资金，循环用于保障房建设。有数据显示，深圳已建和在建的数百个保障房项目涉及建设资金近千亿元，其中政府投资33%，社会投资67%。

鉴于"以租为主"保障政策出现的资金回收周期长、政府回购资金量大等问题，以及由此引致的企业参与积极性低，深圳保障性住房"租、售、补"三位一体，"解困型"与"发展型"相融合的新模式应运而生，安居型商品房、住房货币补贴等方式，成为创新融资模式、解决保障人群安居乐业的新途径。此外，积极探索运用住房公积金、保险资金、发行债券、REITS等方式拓展保障性安居工程融资渠道，也有利于形成可持续的保障性安居工程资金保障机制。

（五）化繁为简的诚信分房机制

当2007年保障房分配进入第一个高峰期，深圳市政府提出"一套都不走样"的要求。为确保"不走样"，习惯性思维就是层层审查、严格审批。深圳一度引以为骄傲的是在全国率先采取"九查九核"的审查程序，通过市规划、国土房产、民政、公安、物价、人民银行、证监、银监、保监、残联，以及17家中资银行等多家单位的联动配合与倾力支持，对数十万申请家庭进行户籍、车辆、住房、保险、个税、存贷款、证券、残疾等级及优抚对象等情况的"九查九核"，试图通过此方法贯彻公开、公平、公正、统筹保障的原则，也体现审核机制的严密性、统一性、规范性。

然而事与愿违，这种兴师动众、劳民伤财且吃力不讨好的做法，很快成为社会批评的聚焦点：一是面对海量信息的采集和初审，住房保障部门无法承担，只好委托缺乏专业知识和经验的街道社区工作人员来做，造成可信度备受质疑；二是即使"九查九核"设计得再周密完善，也难免挂一漏万，难以覆盖所有出现的问题；三是对非诚信申报行为缺乏责任追究和相应处罚，容易引发弄虚作假、骗租骗购行为；四是程序繁多、周期漫长，保障房分配旷日持久；五是层层审批，权力寻租的可能性屡屡为社会诟病。

针对上述问题，深圳结合政府职能转变，并借鉴新加坡、香港地区的类似做法与经验，通过《深圳市保障性住房条例》，以立法形式明确规定申请条件、准入、退出、监管、法律责任等条款，依法约定当事人的权利与义务，并建立保障房的租、售"轮候库"，将保障房分配工作由"九查九核"优化调整为诚信申报模式，申请人对其提交申请材料和申报信息的真实性、准确性、合法性负责；政府一方面公开分配信息，接受社会监督，另一方面加大跟踪与处罚力度，及时清退收回违规租售的住房。市住房保障部门会同市纪检、监察、规划国土、社保、公安、民政、人口计生等部门以及各区政府（新区管委会）对入住人资格进行抽查，若涉嫌虚报、瞒报或伪造信息的，经调查核实后取消其承租或买房资格，并对其不良行为予以记载、公示列入诚信黑名单，同时依照《深圳市保障性住房条例》《深圳市人才安居暂行办法》等规定，对相关当事人进行罚款；涉嫌伪造、变造文件、文书的，市住房保障部门可以直接将其移送公安机关，并依照《中华人民共和国治安管理处罚法》的有关规定处理；涉嫌犯罪的，移送司法机关依法处理。目前诚信分房已在深圳实施，普遍反映不仅提高了效率效能，而且增加了工作的公开透明度和公平性。

（六）政绩工程还是民心工程

无论是政府直接建设还是政府主导、市场开发的保障房，都倾注了政府的巨大心血与精力，往往被当作政绩工程来宣扬。深圳桃源村三期经济适用房是作为"新年礼包"入伙的，龙岗阅景花园作为规模最大的安居型商品房项目来包装，观澜锦绣园被称为深圳"最美安居房"，深云村则被誉为地段最好的经济适用房。然而，社会对政绩工程的赞扬不多，反而因这些项目的卫生间渗漏、外墙脱落、地板空鼓、配套不足等问题成为烦心工程，引发了接二连三的信访维稳事件。

　　保障房之所以成为社会信访焦点的原因：一是质量意识深入人心，保障房项目因监管疏漏导致工程质量问题，必然引起社会各界的高度关注及信访投诉；二是深圳房价快速上涨，十年内翻了两番，房屋的升值预期推动业主争取更多权益保障；三是互联网时代的信息聚合与扩散功能手段，使群体性信访轻而易举、一呼百应；四是由政府主导规划、建设和分配的保障房，一旦出现问题，容易与政府公职人员腐败相挂钩，导致群体愤慨。但是更深层次的原因，还是政绩工程、形象工程迷失了住房保障工作的出发点、落脚点与着力点，陷入好大喜功、急于求成、为民做主、期待感恩的误区，必然导致重建设轻管理、重数量轻质量、重形象轻细节的浮躁作风。

　　深圳敢于正视和妥善应对围绕保障房出现的系列信访维稳问题，得益于端正指导思想、转变工作作风，真正把住房保障作为民生之要、惠民实事、民心工程来把事业做大、工作做实、细节做好，千方百计地考虑便民利民，最大限度地满足人民意愿。民心工程的导向不仅化解了一系列信访维稳事件，而且产生了规范工作流程、完善工作机制、转变职能作风的倒逼效应。关于保障房制度的几十项实施细则就是被信访工作逼出来的，围绕住房保障工作而实施的政务公开、民意征集、人大政协议案、领导下访、接访日、直通车、民心桥、样板房、套餐式装修等工作举措，也是人民信访的产物。

（七）住宅产业化与绿色建筑的率先推广

　　深圳是国家住宅产业化试点城市和绿色建筑先锋城市，以万科为代表的一批龙头企业，纷纷采用住宅产业化、建筑工业化来建设保障性住房。但由于应用成本较高、标准化程度低、上下游供应商有限等因素，多数房地产企业在住宅产业化的应用以及绿色建筑建设方面推进缓慢。

　　基于住房质量与宜居水平的提升、促进建筑节能环保，深圳市发布了《关于推进深圳住宅产业化的指导意见》，规定新出让土地和政府投资建设的保障性住房项目全部采用产业化方式建造；出台《深圳市住宅产业化试点项目技术要求》，推广运用装配式施工技术、一次性全装修和建筑信息模型技术；推进智能型住宅、社区交流空间、小区配套养老设施等规划设计工作，开展保障性住房模块化设计、精细化设计、工业化设计、BIM 设计和绿色节能设计；加强住房绿色低碳和新技术应用的认证及实施体系建设，在保障性住房建设中率先推行雨水收集、中水回用、太阳能光热光伏、节能门窗等绿色建造技术，实现新增建设保障性住房全部达到《深圳市绿色建筑评价规范》铜级标准，使入住保障房的市民优先分享了建设效率、住房质量与宜居水平的提升。正是由于政府主导的保障房率先推广住宅产业化和绿色建筑技术，进而有效地带动和促进了全市住宅产业化和绿色建筑技术的应用，使深圳成为我国住宅产业化基地最多、绿色建筑占比最大的城市。

（八）高房价下的安居型商品房

2007 年启动住房保障制度时，深圳的平均房价勉强能为中等收入家庭接受。而随后快速攀升的房价，使得这些家庭望房兴叹而成为既不能享受保障房又买不起商品房的"夹心层"。这一"夹心层"群体的主体，正是深圳人口结构中规模较大，对产业转型升级、创业创新起着重要支撑作用的人才群体。面对客观存在的"夹心层"住房问题，迫切需要我们调整住房政策，解决他们的宜居、宜业问题。

2010 年，深圳通过制度设计，在廉租房、经济适用房、公共租赁房等保障性住房基础上推出面向"夹心层"家庭的安居型商品房。安居型商品房面向人才及其他符合条件的中等和中低收入"夹心层"家庭，通过限定套型面积、销售价格、转让年限，以定地价、竞房价方式开发建设，或由城市更新项目配套建设，通过诚信申报、资格候审、公开监督等轮候制度进行分配，是具有政策支持和住房保障性质的商品住房。安居型商品房采取政府引导、市场化运作，是政府与市场有效结合来解决社会"夹心层"住房问题的一项创举。2011 年出台的《深圳市安居型商品房建设和管理暂行办法》，又对安居型商品房的建设、用地、开发及销售、管理做出详细规定，将安居型商品房建设和管理进一步规范化、常态化。目前，安居型商品房已通过试点铺开，将成为政策性保障性住房的主要类型，使广大"夹心层"家庭看到希望，强化了居民的家园意识，有利于增强深圳经济社会发展的凝聚力。

安居型商品房作为深圳首创的新型住房制度，立足于解决大城市高房价背景下"夹心层"群体住房难的问题，有利于克服原有经济适用房、公共租赁房保障面过窄的弊端，将成为我国人口增长较快、住房价格较高、居民购房支付能力不足的大城市解决中等和中低收入群体住房困难的有效手段。2014年，国家住建部将深圳等六个城市确定为"共有产权住房"试点城市。深圳借鉴上海、淮安等地实践经验，提出了具有深圳特色的"政府与企业、政府与个人、企业与个人"三个"共有产权"模式，将为安居型商品房提供更大的创新空间，对全国其他城市具有更多的借鉴意义。

（九）实施人才安居工程

深圳近年来的产业结构优化升级，成为经济增长的重要动力。面对全球新一轮科技革命与产业变革的重大机遇，深圳战略性新兴产业引擎作用日益凸显，进而吸引人才持续流入，对人才住房发展提出了更紧迫的要求。

为全面落实"人才立市""人才强市"战略，深圳创新性地将人才安居纳入住房保障体系，实现了人才安居、住房保障和产业转型、城市发展的有机结合。2008年，市政府出台《深圳市高层次专业人才住房解决办法（试行）》，制定了高层次专业人才的标准和分类，实行购房补贴、租住人才公寓、租房补贴等解决办法。为进一步推进人才强市战略，市委市政府于2010年又做出关于实施人才安居工程的决定，加强对人才的住房保障工作力度，对人才安居工程的主要原则、各类人才的认定、人才住房保障标准和方式予以完善，明确提出要把人才列为住房保障的重点对象，着力解决人才安居问题，全面缓解人才住房困难，不断改善人才居住条件。文件还规定：安居型商品房用作人才安居房的比例不低于60%；"十一五"期间安排建设的公共租赁房面向人才的比例不低于60%，到"十二五"期间提高到80%。此外，对人才的购房、租房补贴也做出了明确规定。

通过人才安居工程的实施，5 年来全市实物分配的保障性住房已惠及 5 万个人才家庭；各种类型的住房货币补贴惠及 25 万个人才家庭，是"十一五"期间的 25 倍。由此可见深圳的人才安居工程，使人才住房问题得到明显重视和有效解决。

（十）法外建筑的利弊作用

深圳历史遗留和城市化过程产生的未确权住房，一般称之为违法建筑，但原村民普遍质疑，老祖宗留下来的房屋，包括具有历史文化价值的"客家围屋"和古村落，怎么就成了"违建"？当年政府为解决村民住房困难而鼓励支持的自建房，不少具有"两证一书"，怎么也成了"违建"？一些权威研究学者也援引"落脚城市"的国际案例，认为存在的就是合理的，对原村民历史遗留住房不可一刀切，对违建增量必须坚决遏制，而对存量建筑则应分类施策、依法确权，使之纳入法制框架进行管理。因此，对这些存量建筑，与其称之为违法建筑，不如称之为法外建筑更为切合实际。由于诸多的历史遗留问题以及现实利益驱动，目前法外建筑仍保持了相当大的规模。法外建筑的存在，一定程度上影响了深圳城市生态，制约了城市发展战略与规划的实施；因其自身普遍存在规划缺失、密度高、质量差、配套设施不足等特点，也容易引发一系列社会问题。法外建筑体量大、涉及利益众多，政府对法外建筑的处理长期处于进退两难境地。对法外建筑处罚过重，则相关群体对抗严重，增加维稳成本；处罚过轻，则又违背社会公平正义，间接鼓励违法建筑再生。

客观来看，法外建筑在深圳经济的高速发展中起了不可否定的作用。首先，较好地解决了深圳大多数外来人口的住房问题。原村民自建房因租金较低，适应外来人口普遍低水平的经济收入，有利于满足其基本居住需求，实际上是为他们提供了廉租住房；其次，有利于稳定深圳外向型经济的用工规模，降低了用工成本，为"中国制造"提供了市场竞争力；最后，一定程度上起到了推进城市产业升级、促进城市发展的住房保障作用。随着第三产业在原特区内及其他区域快速发展，同样也需要更多的生产、生活服务人员。而由于城中村的存在，及其按市场规律自然布局，可以有效解决外来人员的居住问题。

近年来深圳在全国城市中的竞争力一直保持前列，一个关键因素是深圳具有自主创新和自主研发的人才优势。对深圳的新移民而言，很少没有先住城中村，而后才改善住房条件的。新移民中的初、中级人才起步于城中村不是出于偶然，而是由于深圳发展历史短、基础差，仅仅依靠政府投入，很难在住房方面短期形成吸引人才的资源优势。而与土地共生共长的原村民，在深圳优于内地的市场、政策环境中，因为具有较强的市场敏感性，以及对自己权益的关注，能够更有效率地提供包括人才在内的各类来深人员住房，为他们在深圳就业创业提供最初的住房保障。因此，深入体会原村民自建房的历史和现实意义，对深圳未来制定包括住房政策在内的各项经济社会政策意义特别重大，值得进一步研究。

基于上述利弊分析，未来加大法外建筑的处置力度，有利于推进深圳现代化国际化城市建设，促进经济社会健康有序发展。目前对法外建筑的处理政策，是多方博弈的结果：一是鼓励原农村集体经济组织及原村民以更大规模参与城市更新。2012 年出台的《关于加强和改进城市更新实施工作的暂行措施》，规定 2007 年 6 月 30 日之前未签订征（转）地协议或已签协议但未补偿、手续不完善的建成区，按照历史用地进行处置，政府将处置土地的 80%交由原农村集体经济组织继受单位进行城市更新，其余 20%纳入政府土地储备。二是将其纳入公共租赁住房体系，这不仅可以将大量符合使用标准的法外建筑纳入规范管理，充实保障性住房供应体系，也可以缓解因租金上涨导致的劳动力流失问题。三是对符合居住配套和生态控制线标准的建筑，在缴纳土地增值收益后，予以确权并允许其上市交易。然而，解决问题的路子还很漫长，今后还要进一步探索法外建筑处理的方式方法，通过土地制度的深化改革、住房政策的持续创新，抑制法外建筑的新增，并解决大量历史遗留问题，以更好地除弊兴利，充分发挥各类存量住房对深圳经济社会发展的支撑作用。

三　深化改革的路线图

习近平总书记指出："改革开放只有进行时没有完成时。""改革是由问题倒逼而产生，又在不断解决问题中得以深化。""中国已经进入改革的深水区，需要解决的都是难啃的硬骨头，这个时候需要'明知山有虎，偏向虎山行'的勇气，不断把改革推向前进。"

关于住房制度改革的着力点，习近平总书记于2013年10月在十八届中央政治局第十次集体学习时也明确指出："加快推进住房保障和供应体系建设，要处理好政府提供公共服务和市场化的关系、住房发展的经济功能和社会功能的关系、需要和可能的关系、住房保障和防止福利陷阱的关系。只有坚持市场化改革方向，才能充分激发市场活力，满足多层次住房需求。同时，总有一部分群众由于劳动技能不适应、就业不充分、收入水平低等原因而面临住房困难，政府必须'补好位'，为困难群众提供基本住房保障。""要总结我国住房改革发展经验，借鉴其他国家解决住房问题的有益做法，深入研究住房建设的规律性问题，加强顶层设计，加快建立统一、规范、成熟、稳定的住房供应体系。要千方百计增加住房供应，同时要把调节人民群众住房需求放在重要位置，建立健全经济、适用、环保、节约资源、安全的住房标准体系，倡导符合国情的住房消费模式。"

"十三五"时期，如何争当"四个全面排头兵"，努力推动现代化国际化创新型城市的建设，破解人口比例倒挂、土地资源稀缺等实际情况，建立具有鲜明深圳特色的公共住房政策体系，全面深化改革，持续创新发展，是深圳面临的新形势、新任务。加大解决人才群体住房困难的力度，加快解决常住低收入家庭住房问题，基本实现本市"低收入家庭有房租，夹心层家庭有房买，高收入家庭有选择"，未来的深圳住房制度改革还有很长的路要走。概括而言，包括以下八个方面：

一是促进住房供应，稳定住房消费。为落实国家稳定住房消费、促进经济增长的要求，深圳一方面要认真贯彻落实国家各项住房信贷、税收优惠政策，支持自住和改善型住房需求；另一方面要稳定住房供应体系，优化住房供应结构，通过有序推进新增与存量用地供应，加快城市更新步伐，建立长效的住房市场供应机制，满足市场需求，稳定市场预期，稳定住房价格。

二是发挥市场作用，促进行业发展。"十三五"期间，深圳要充分发挥市场机制的积极作用，促进房地产企业转型升级，并加快推进政府管理模式的转变。要充分发挥市场配置资源的决定性作用，通过科学制定住房建设规划和年度实施计划，加强房地产市场监测，依法规范市场交易行为，加快行业诚信体系建设，逐步实现政府工作从管理市场向引导市场、服务市场的转变；要大力培育住房租赁市场，通过完善租赁契约管理制度，加强租赁价格管理，加快住房租赁税费改革，逐步构建"先租后买、先小后大、不断升级"的住房梯度消费格局；要创新住房金融发展模式，借助深圳前海国家级金融开放创新平台等机遇，不断推进本市住房金融体制创新，落实政策性住房银行试点改革工作，不断加大对居民住房消费的金融支持力度；要促进行业转型升级，鼓励房地产开发模式由快速开发、快速回笼资金向持有物业、获取长期稳定资金回报的模式转变，推进房地产业与相关行业整合提升，创新市场和政府合作模式，探索房地产开发企业由单一目标的项目开发商向城市综合运营商转变。

三是创新工作机制，加强住房保障。深圳在"十三五"期间的工作重点是立足于促进保障性住房有效供应，并通过打通保障房转换机制、完善分配机制，推进住房保障事业创新发展。首先，加快保障性住房有效供应。过去十年，深圳已规划安排建设大量保障性住房，但77%的已安排项目未能竣工，有效供应量较低。"十三五"时期，应总结经验，梳理各类建设渠道存在的问题，逐个突破，快速推进，缩短建设周期，尽快将保障性住房建成并分配，切实有效地解决居民住房困难问题。其次，打通转换机制，创新持有模式。探索公共租赁住房与安居型商品住房的转换标准与规范流程，合理增加安居型商品住房规模，满足人才及"夹心层"群体的购房需求，增加城市核心吸引力。再次，完善分配机制，实现需求人群全轮候。借助多种宣传手段，加强公共住房申请轮候政策解释，促进"两库合一"的进一步完善，力争全市符合条件的常住人群全部纳入轮候序列，实现无遗漏申请、全面需求覆盖，并为"以需定建"奠定基础。

四是建立共有产权住房制度，规范安居型商品住房发展。按照国家共有产权住房试点要求，在深圳现有安居型商品住房政策的基础上，调整相关制度，加快建立共有产权住房制度，并按照统一的管理模式进行开发建设和运营管理。要明确适用人群，着力解决人才等"夹心层"群体住房需求，同时明确建设与购置规则。安居型商品住房统一按照房地产开发项目的建设规则执行，政府不直接参建，企业是投资建设主体；该类住房的土地价格和房屋销售价格，以同地段、同品质商品房市场地价和市场租售价格的70%作为上限，并视不同地段市场房价水平具体确定折价比例，通过综合竞投方式确定开发主体；安居型商品住房的购置或租赁，由相关主管部门对符合条件的申请人发放资格证书，申请人持资格证书到相关开发项目自主购租住房。要实行产权"按份共有"。安居型商品住房在土地出让和土地合同签订时，应确定政府与开发商所持有的产权份额；在销售和办理转移登记时，应明确政府与购房者所持有的产权份额，并依法明确各产权持有者占有、使用、收益、处分的相关规定。

五是发挥存量住房的积极作用，加大住房货币补贴的力度。充分发挥城中村住房、产业园区配建宿舍等多种存量住房支持基本住房保障的作用；突破廉租住房现有标准限制，力争实现人均住房面积10平方米以下户籍低收入家庭住房保障政策全覆盖；逐步加大住房货币补贴力度，扩大其对人才和居住一定年限的非户籍低收入家庭公共住房政策的惠及范围和支持力度，弥补实物保障周期长、灵活性差等缺陷。同时对违法建筑必须保持高压态势，坚决遏制增量，实现"零增长"。

六是促进跨界地产发展，推进养老事业。大力推广社区养老和机构养老，到2030年，力争实现社区养老和机构养老的占比提升至30%和20%；加大养老设施土地供应，完善住宅项目的无障碍功能，鼓励政府相关机构以外的其他社会机构和企业参与养老事业；充分利用存量住房改造、增建养老设施，适当将难以分配的保障性住房及其他公共住房改造为养老设施。

七是注重区域合作，推进深莞惠一体化。重视深圳作为深莞惠都市圈核心城市未来持续产生的住房消费外溢现象，继续发挥本市经济中心城市的积极作用，加强与周边城市的协调，统筹深莞惠都市圈住房需求的实现与房地产开发进程。要加强深莞惠都市圈住房发展战略研究，联合东莞、惠州等城市编制完成深莞惠都市圈住房协调发展规划，合理确定城际住房重点开发区域，明确城市建设用地边界、功能布局、交通连接和各类公共服务配套，加强对城际住房重点开发区域内的现有功能整合，加强城际地区各类服务的衔接。积极探索在东莞、惠州等邻近深圳边界地区，以合作建设、合理共享、税收分成等方式开展保障性安居工程建设，满足深圳市龙岗区、坪山新区、光明新区等邻近周边城市片区的住房支持需要和基本保障需求，并通过城际公共交通的建设，与深圳市公共交通接驳，解决快捷便利出行问题。

八是加快推进住宅产业化，加强住房配套设施建设。持续推进国家住宅产业化综合试点城市与低碳示范城市建设，通过增加奖励措施，提高奖励力度，促进深圳住宅产业化技术应用；推进适应本地生态环境和气候条件的低碳住宅建设模式，普及绿色建筑设计的应用，实现住房建设的节能减排水平与低碳发展新常态；加强交通、商业、教育、文体、金融、医疗等公共配套设施建设，整合利用城市已有公共资源，补充完善不足的配套设施，提高服务于居住的综合交通、市政基础、社会服务与公共安全等公共配套设施的一体化水平。

深圳今后的住房发展，应当围绕"高端有市场、中端有支持、低端有保障"的总体思路，通过住房制度的深化改革，住房政策的持续完善，以及多层次住房供应体系的建立，实现本市居民"住有所居"，并打造"宜居""宜业"的现代化国际化城市。高端有市场：主要面向高收入人群，通过市场商品住房供应，满足商品住房购租需求。中端有支持：主要面向购、租市场商品房有一定困难且符合享受住房优惠政策的"夹心层"居民家庭，包括新就业大学生、符合政策的人才群体，以及其他符合条件的"夹心层"群体；对于这些需要住房政策支持的群体，将以销售、出租具有共有产权性质的安居型商品房，发放人才租房补贴，满足其购、租住房的需求。低端有保障：主要面向国家和本市规定的、可以享受基本住房保障的低收入住房困难家庭，通过公共租赁住房和低收入租房补贴满足其基本住房需求。

今后深圳应大力发展安居型商品房，未来住房供应结构形态的理想模式是"橄榄型"，即公共租赁住房以占总量的10%为宜；商品住房保持适度规模，应不超过总量的40%；安居型商品房供应规模则应达到总量的50%以上。此外，考虑到安居型商品房的商品属性以及未来建设体量大等因素，安居型商品房建设应主要通过市场机制实现有效配置，政府除了实施规划引导、土地供应以及建立分配规则外，其他环节均应实行市场化，以发挥市场配置资源的决定性作用。为了保障未来住房供应结构的"橄榄型"模式发展，我市住房管理体制也要进行相应的综合配套改革，通过城市规划建设、资源管理、房地产市场、住房保障等政府管理职能的进一步整合，保证住房资源的合理配置，进一步保障和促进深圳经济社会的协调有序发展。

吕锐锋

（2015 年 11 月 3 日）

注：吕锐锋曾任中共深圳市委常委、深圳市人民政府常务副市长，现为中共深圳市委决策咨询委员会常务副主任。

第一章

问题倒逼　深圳房改率先破局

城市住房问题是世界性难题。这一问题的产生，源于工业化、城市化带来大量人口向城市高度集中，引发城市住房供应短缺，房价不断上涨，进而导致中低收入居民家庭住房支付能力不足以及连带产生的社会、经济问题。因此，住房具有两重性，既具有商品性，又具有一定的社会性。住房问题既是民生问题、社会问题，也是经济问题。住房问题，是任何国家或地区在经济发展和城市化进程中均无法回避的难题。深圳 20 世纪 80 年代率先在全国推动房改，既是这一规律作用的结果，也是中国改革开放的必然，是深圳"改革试验田"和先行先试的使命使然。

一　深圳住房的五个"怪相"

（一）"房子建得越来越多，缺房规模也越来越大"

1979—1986 年深圳建市和成立经济特区 8 年间，全市交付使用的住房建筑面积共 500 万平方米，平均每年递增 40%。比较同期国内其他城市，年均增速达到全国最高水平。但形成巨大反差的是，深圳的住房缺口规模快速攀升。据当时官方统计，1983 年年初缺房 5000 户，到 1987 年已上升至 22000 户，四年间攀升速度达 4.4 倍。

（二）"住房面积越住越大，群众意见也越来越大"

1986 年年底，深圳常住人口人均居住面积达 19.6 平方米，大大高于北京人均 7 平方米的水平，更高于上海、天津和广州等大城市人均居住面积不足 6 平方米的水平。据 1987 年 9 月的一份官方调查显示，深圳公产房职工家庭的户均建筑面积为 83.47 平方米，而同期我国城镇居民人均住房面积仅为 5.5 平方米。以平均每户 4—5 人口计算，居住面积也不超过 30 平方米，深圳的户均住房面积可谓全国最高，甚至超过"邻居"香港 50%—60%。但由于此时的住房分配，是以领导职级、工龄和家庭人口等非经济因素为依据，与职工的劳动贡献和自身经济约束等情况基本脱离，结果是房子越住越大，群众的意见也就越来越大。

（三）"建房投资越来越多，政府与企业背负包袱也越来越重"

1979—1986 年，深圳住房建设投资达 19 亿元，占特区建设总投资 77.62 亿元的 24.5%，占国民收入 84 亿元的 22.6%，而当时全国的该项占比仅为 8.8%，深圳住房建设投资占比可谓同期全国最高。由于住房建设资金投入采取的是国家财政和企业"统包"模式，住房产权为"国有"或单位所有，因此职工交纳房租只是象征性的（约为住房简单再生产费用的 1/20—1/30），住房建设投入产出严重失衡。结果是国家和企业投资建房投资越多，背负的包袱也就越重。

（四）"工资越拿越高，住房消费比例越来越低"

由于特区津贴等政策因素和深圳经济的迅猛发展，深圳职工的工资水平明显高于同期国内其他城市。职工工资消费支出构成中，住房消费部分基本可以忽略不计。以当时工资和房租测算，深圳个人住房消费支出仅占工资收入的 1.5%，与国内其他城市相比显然偏低，与同期世界发达国家城市居民约 10%—30% 的住房消费占比来看差距也十分显著。

（五）"房子越管越差，一年新、二年旧、三年破已成普遍现象"

当时深圳住房产权几乎百分百为"国有"或单位所有，职工住房解决的途径就是租赁。住房管理采取的也是单位行政统一管理模式，如住房维修维护是单位后勤部门的重要职责之一。以租金收入与管理支出比较测算，职工个人缴纳房租总额尚不足住房维护费用的 5%，收支平衡严重失调。单位效益好，维修维护资金足，职工住房的福利就高。反之，房子就是"一年新、二年旧、三年破"。单位破产了，房子更是无人管。

综上所述，上述"怪相"的产生，一是深圳经济特区建立以来，全国"各路人马"会聚，人口急剧膨胀，住房需求集中爆发；二是虽然全国支持、海内外资金集聚，住房建设规模大、建设速度快，但深圳住房"绝对短缺"的解决需要一定的周期，而且各单位住房供应和分配也参差不齐；三是深圳"农民房"虽然缓解了住房供求矛盾，但由于"只租不售"，功能主要局限于"暂住"和"周转"，加之环境配套不足，"农民房"作用有限。

深层次而言，上述"怪相"的产生，是由当时深圳沿袭的住房"统建统分统包"模式带来的弊端与问题。究其本质，则是计划经济体制条件下形成的高度集中城镇传统住房制度所致，即住房投资由国家和企业统包，住房分配采取实物福利分配和低租金、无限期使用。这种住房制度抑制了个人对住房投入的积极性，排斥了市场机制在住房建设、分配、管理中的积极作用。深圳传统福利住房制度弊端的凸显与深圳住房制度改革的显现，反映的恰恰是我国从计划经济向市场经济过渡的一个特定历史时期的见证与缩影。深圳乃至于全国的住房制度改革迫在眉睫。

1980 年 4 月 2 日，邓小平同胡耀邦等领导讨论长期规划问题，在谈到建筑业和住宅问题时，小平同志作了重要指示："城镇居民个人可以购买房屋，也可以自己盖。不但新房子可以出售，老房子也可以出售。可以一次付款，也可以分期付款，10 年、15 年付清。住宅出售以后，房租恐怕要调整。要联系房价调整房租，使人们考虑到买房合算，因此要研究逐步提高房租。房租太低，人们就不买房子了……将来房租提高了，对低工资的职工要给予补贴。这些政策要联系起来考虑。建房还可以鼓励公私合营或民建公助，也可以私人自己想办法。"这就是著名的、具有历史意义的《邓小平关于建筑业和住宅问题的讲话》。自此，中国拉开了住房制度改革帷幕，深圳更是在这轮大潮中扮演了"急先锋"。

链接：

全国房改情况

（一）以公房出售试点为内容的初始阶段（1978—1986）

这一阶段主要开展了两项工作：

一是开展了住房是具有商品属性还是具有福利属性的大讨论。早在1978年9月，针对当时的住房困难问题，邓小平就提出，解决住房问题能不能路子宽些，譬如允许私人建房或者私建公助，分期付款，把个人手中的钱动员出来，国家解决材料，这方面潜力不小。

邓小平同志的讲话突破了住房公有制、福利制的传统理论，首次较为系统地提出了住房私有化、分期付款购房等带有市场经济色彩的观点。

二是在低租金、实物福利分房制度不变的情况下，进行向职工出售公有住房的试点，包括以成本价出售公有住房的试点和公有住宅补贴出售试点。

1980年6月中共中央、国务院在批转《全国基本建设工作会议汇报提纲》中正式提出实行住房商品化政策。"准许私人建房、私人买房，准许私人拥有自己的住宅"，公有住房出售的试点扩大到全国各主要城市，正式允许实行住房商品化政策。

1982年，国家提出了国家、单位、个人三者合理负担的售房原则，以土建成本价出售新建住房的办法基本停止，改为公有住宅补贴出售试点，选择郑州、常州、四平、沙市四城市作为新建住房"三三制"（新建住房的土建成本价出售，个人支付售价的1/3，其他部分由地方政府和单位各补贴1/3）补贴出售试点城市。

由于部分地区出现了随意压低价格、贱价出售的现象，1986年3月，原国家城乡建设环境保护部发布了《关于城镇公房补贴出售试点问题的通知》，规定公有住宅出售原则上实行成本价。

（二）提租补贴的单项改革阶段（1987—1991）

这一阶段住房保障制度改革的主要内容，是以提高房租为切入口，同时出售公有住房，实行优惠价售房。

1988年国务院发布了《关于在全国城镇分期分批推行住房制度改革的实施方案》，明确住房制度改革的几项内容：（1）改变资金分配体制，把住房消费基金逐步纳入正常渠道，使当时实际用于职工建房、修房资金的大量暗补转为明贴，并逐步纳入职工工资。（2）改革当时把住房作为固定资产投资的计划管理体制，确立住房作为商品生产的指导性计划管理体制。（3）通过财政、税收、工资、金融、物价和房地产管理等方面配套改革，在理顺目前围绕住房所发生的各种资金渠道的基础上建立住房基金，逐步形成能够实现住房资金良性循环的运行机制。（4）调整产业结构，开放房地产市场，发展房地产金融和房地产业，把包括住房在内的房地产开发、建设、经营、服务纳入整个社会主义有计划的商品经济大循环。

国务院房改办确定了唐山、烟台、佛山、上海、广州等作为"提高租金，增加工资"试点城市。"提租"是指将租金提至成本租金（包括折旧、维修管理费和保险费）。原住宅维修管理基金、住房折旧基金作为住房补贴发给职工，即所谓的由暗补改为明贴。补贴依据的主要因素有三个：住房面积、职工级别和工资。"增资"主要是要求按照合理的租售比价提高房租以后相应地提高每个职工的工资。

住房提租补贴的成效比较显著，取得了较好的成绩，不仅保证了现有房屋的维修养护和折旧费用，而且较为有效地抑制了不合理的住房需求，使住房投资结构开始趋于合理。

然而，提租改革仍然存在一定的不足，第一，由暗补改为明贴，使补贴纳入了企业的成本和财政预算，增加了企业经营成本。第二，从改革的对象看，它倾向于住房存量的改革，覆盖面尚不完全，对于那些无房的家庭来说有欠公平。第三，改革遇到既得利益者的抵制而难以深化。第四，随着职工收入增加，住房消费在工资中的含量也在增加，职工个人不承担提租的负担也不合理。

（三）住房保障制度改革全面推进、综合配套改革阶段（1992—1997）

这一阶段住房保障制度改革的主要特点是，明确了社会主义市场经济理论是城镇住房保障制度改革的根本指导思想，按住房商品化、市场化、社会化的思路，全面设计房改的目标、原则和主要内容，从而把城镇住房保障制度改革推向了全新的发展阶段。

1994 年，国务院发布了《关于深化城镇住房制度改革的决定》（国发〔1994〕43 号），标志着房改进入了一个新的阶段。该《决定》提出"房改"的基本内容有：实行国家、集体、个人三者合理负担；实行住房建设、分配、维修、管理社会化、专业化体制；把住房实物福利分配改为工资货币分配方式；建立中低收入者住经济适用住房、高收入者住商品房的供应体系；建立公积金制度；发展住房金融和住房保险；完善住房市场体系。

同时，为了解决国有大中型企业职工和大中城市居民的住房困难，在总结各地经济适用住房建设经验的基础上，提出了大力推进建设"安居工程"，其主导思路是配合住房制度改革，建立具有社会保障性质的经济适用住房供应体系。

（四）以住房分配货币化为中心内容的深化改革阶段（1998—2006）

1. 为缓解职工住房水平低，商品房滞销、大量空置的矛盾现象，1998 年，国务院发布了《国务院关于进一步深化城镇住房制度改革　加快住房建设的通知》（国发〔1998〕23 号），旨在停止住房实物分配，逐步实行住房分配货币化，建立和完善以经济适用住房为主的多层次城镇住房供应体系，促使住宅业成为新的经济增长点，不断满足城镇居民日益增长的住房需求。

国发〔1998〕23 号文最突出的成就是：停止实物分房以后，切断了依赖单位实物福利分房的渠道，转变了职工"等、靠、要"的住房消费观念，调动了职工购买商品房的积极性。

同时住房货币化补贴和个人购房抵押贷款的支持，又增加了居民买房的能力，扩大了住房市场需求，由此带动了住宅建设发展和空置房的消化。

2.《国务院关于促进房地产市场持续健康发展的通知》（国发〔2003〕18号），一方面明确经济适用住房是具有保障性质的政策性商品住房，强调实行申请、审批和公示制度，严格控制在中小套型，严格审定销售价格，依法实行建设项目招投标，另一方面，指出强化政府住房保障职能，合理确定保障水平，多渠道筹措资金，建立和完善廉租住房制度，切实保障城镇最低收入家庭基本住房需求。

3. 建设部等五部门2003年《城镇最低收入家庭廉租住房管理办法》提出："城镇最低收入家庭人均廉租住房保障面积标准原则上不超过当地人均住房面积的60%。""城镇最低收入家庭廉租住房保障方式应当以发放租赁住房补贴为主，实物配租、租金核减为辅。"建设部等四部门2004年《经济适用住房管理办法》规定："经济适用住房要严格控制在中小套型，中套住房面积控制在80平方米左右，小套住房面积控制在60平方米左右。"①

二　深圳房改破冰之旅

（一）房改试水（1981—1986）

作为我国的第一批改革开放试点城市之一，深圳市在20世纪80年代初就开始了住房分配制度货币化改革的探索。

1981年，深圳市住房制度改革探索的先行者——蛇口工业区率先破局。随着蛇口工业区建设的蓬勃发展，工业区内的人口数量急剧增长，对住房的需求量日益加大。如果所有的住房都按照原有计

---

① 郭玉坤：《中国城镇住房保障制度研究》，西南财经大学，2006年；周阳：《经济适用房政策评估》，安徽大学，2008年；左云梅：《我国住房制度改革的历程反思》，复旦大学，2006年。

划经济时代的住房制度以单位分配的方式，即由蛇口工业区来分配解决，走低收入、低租金的老路，住房建设的资金投放后相当于有去无回，成了无法周转的死资金，还要倒贴住房折扣、维修、管理费和利息等，结果是显然的，投入资金越多，蛇口工业区背负的包袱就越大，这条路显然走不下去了。但是要另起炉灶，打破几十年积累的陈规旧例形成的坚冰，改变传统的福利分房，也绝非易事。

首先，从全国各地招来的职工，对福利分房早已形成了思维定式，习惯了住房问题由单位统包；更为艰难和严峻的是还有政治风险，社会上对建特区"要不要、能不能、走哪条路"，争议非常多，否定的声音占了相当大的比重。多数老百姓不清楚深圳经济特区是干什么的。似乎觉得深圳除了五星红旗是红色，其他全变颜色了，都变成资本主义了。这样的进退维谷与左右皆难，纠结并考验着蛇口工业区领导层的政治智慧。也许他们想到了，当年安徽凤阳的小岗村，在昏黄的灯光下，18 位农民神情严峻地立下"生死状"，在一张秘密契约上——按上了鲜红手印的场景。也许什么也没想，但可以肯定的是，他们经过了反复的思想博弈，决定打破旧框框、不再走老路，把单位分配住房改为职工买房的形式，把单纯的投资建房变为投资回收后滚动建房。享有蛇口之父之称的袁庚说："我们只有实行住房商品化，才能改变统包统配的被动局面。过去按着级别分房是不合理的，级别在工资里已经有体现了，如果级别高就住大房子，那大家都争着当官了。蛇口要学习资本主义社会中先进的东西。"就此，一场房改破冰之旅扬帆起航。

1984 年 12 月蛇口工业区制定了《蛇口工业区职工住房经营管理暂行规定》，提出职工以成本造价（准成本）的优惠价购买住房，使职工有自己的住房。这是深圳经济特区首次向职工出售公有住房。但改革并没有得到群众的积极响应，有的职工认为，当时住房租金很低（每平方米 0.6—0.8 元），租房比买房划算，大多数人对购房并不看好。为了推进住房改革的步伐，动员更多的职工购房，蛇口工业区要求单位领导干部带头购房，因此在第一批的购房户中一半为单位领导干部。在单位领导干部的带动下，截至 1985 年 12 月 31 日就有 712 户职工购买了原租用的住房。同时，还采取了一系列的优惠措施，包括按成本价（准成本）的优惠价售房，而且根据不同付款方式采用7折和7.5折等不同的优惠房价；为一次性付款有困难以及购房要求贷款的职工提供按揭贷款；更重要的是在《蛇口工业区职工住房经营管理暂行规定》中明确了"购房的业主权益保证"。

尽管破冰的决心早已下定，但作为这场活剧导演的袁庚，心里依然忐忑不安，直到1984年12月，当邓小平视察深圳蛇口工业区时，袁庚向他汇报了蛇口的住房改革情况，得到了他的肯定，一颗悬着的心终于落地了。

蛇口的破冰为深圳房改打开了一个缺口，但进一步扩大战果，还得靠地方政府出面把控。1985年2月5日，在蛇口经验的启发与鼓舞下，深圳市政府出台了《深圳经济特区行政事业单位干部职工住宅商品化试行办法》，这是深圳市出台的第一个推进住宅商品化的文件。该办法明确规定促进住宅商品化的目标并保护个人产权，如"逐步以经济手段取代行政分配，决定实行住宅商品化"，"行政事业干部职工居住的公有房屋，按质定价由个人付款购买"，"规定购买现住的公有房屋或新建住宅，并享受购房补贴待遇"，"按本办法规定购买的房屋，产权归个人所有，在全部房款付清后，由市政府发给住房产权证书，受国家法律保护"等。

（二）房改实施（1987—1988）

深圳从一个几万人口的边陲小镇，到如今一座人口过千万的繁华都市，这座人口千倍增长的城市是如何解决住房问题的呢？如果说这场浩大的造城运动需要奠基的话，那么奠基之石就是1987年出台的《深圳经济特区住房制度改革方案》。

1. 基石的选炼

邓小平关于《住宅问题的讲话》和蛇口试水，让深圳领导坐不住了，深圳的房改怎能按兵不动呢？时任深圳市委书记、市长李灏公开表示"再难也要搞，要成立深圳市房改办公室，专门抓此项工作"。1987年3月5日，深圳市政府发布《关于成立深圳市房地产改革领导小组的通知》（深府〔1987〕79号），"决定成立深圳市房地产改革领导小组，负责全市房地产改革统一管理与协调工作"，领导小组由李传芳副市长任组长，同年 7 月，又在市房改小组底下成立深圳市住房制度改革办公室。

在制订房改方案中，到底是卖房还是租房，争论很大，只好去"算账"，看看哪个对。房改办四五个人，组织了一项 5000 多人的大规模调查研究。当时是 7 月份，正值深圳炎夏酷暑的季节，他们从早到晚，马不停蹄，四处奔波，各种数据源源不断地输入，再不断输出，各种卷宗排成行，堆成山，统计出了 14 万个数据，写出了近三万字的论证报告，最后结论出来了：卖则成功，租则失败。只有把住房卖给职工，才能加速资金周转，形成"卖房—建房—再卖—再建"的良性循环。

在房改办的结论通过征求意见的形式传递到社会各界后，买房、卖房、租房，一时间成了当时深圳人热议的话题，有的支持，有的反对，还有的怀疑。

1987 年年底，房改办起草了《深圳经济特区住房制度改革方案》（草案）并拿到有京、沪、穗等几大城市的 20 多位专家参加的专家论证会上讨论。用当时房改办责任人董日臣的话来说，这是一个"吵出来的房改方案"，当时除了个别学者，几乎是一边倒，主张提高一点租金，但不要买卖住房。在随后召开的市委常委会上，房改办坚持"房改就是要提倡卖房，把房卖出去就是成功，否则，房改就是失败"。

1988 年春天，当时的国家体改委派了一个 40 多人的调查组到深圳调研，其中对深圳房改的调查论证就花了 40 天，调查组最后的结论是"深圳经济特区住房制度改革方案的出台，将具有全国性意义"。这对深圳房改的出台，是一个具有决定性意义的支持。

房改办的每个人都深受鼓舞，一鼓作气，连续攻克了"私房补贴""住房补贴现金发放""产权归属""房价工龄减免"等房改中的敏感问题，对方案进行先后 12 次修改。与此同时还开展了相关理论探索。开拓性地进行了五个方面的理论探索：住房是商品理论、工资理论、资金周转理论、再生产理论、消费理论。

1988 年 5 月 13 日，牵动全社会神经的房改方案及其配套细则终于获得市委常委会讨论通过。

2. 基石的构成

深圳房改的思路与做法可主要概括为：补贴提租，鼓励买房，建立基金，新房新政策，住宅区管理社会化、企业化。四步实现商品化。

——补贴提租，一步跨入准成本。

——促进买卖，制定鼓励职工买房的措施。

——以老房起步，建立住房基金。

——实行面积差价制，房价面前人人平等。

——住房供求实行双轨多价制。

——住宅管理区实现社会化、企业化。

住房制度改革的方向就是商品化、社会化，进一步说就是私有化，这是市场经济的必然要求。所谓商品化，就是说住房像其他商品一样，购买后产权归自己；所谓社会化，就是在住房问题上割断企业与个人的联系。居民直接面对市场。在实现商品化之前也可以实现社会化。这方面的做法是，一边在工资结构中增加住房消费部分；一边提高房价和房租，把住房逐步推向市场，计划分四步走。

第一步：准成本阶段，以住房本体建造成本定价，完成准成本的简单再生产，此属亏损型，目前已基本完成。

第二步：全成本价阶段，以准成本加室外工程费定价，完成全成本的简单再生产。职工付清全成本价取得全产权，可以直接进入市场，但仅享受一次。

第三步：计划价阶段，以高于成本定价，根据城市经济发展水平和个人收入水平，人为地逐步提高房价、房租，也可以理解为土地（毛地价）本身作价，资金开始良性循环。

第四步：市场价阶段，职工工资中充分涵盖了住房消费部分，直接在市场上选择住房，完成由福利型向商品化的转变。至此，房改才完成历史使命。

3. 基石的问世

1988 年 6 月 10 日，深圳市住房制度改革大会在深圳会堂召开，长达万言的房改方案，由当时深圳市副市长李传芳逐字逐句宣读，整个会场自始至终鸦雀无声，所有人神情严肃而认真，因为这是深圳住房发展的一道分水岭，从此，深圳告别了福利型的住房制度，开始走上一条住房商品化的道路。深圳的房改也正式拉开了序幕（见图1—1）。

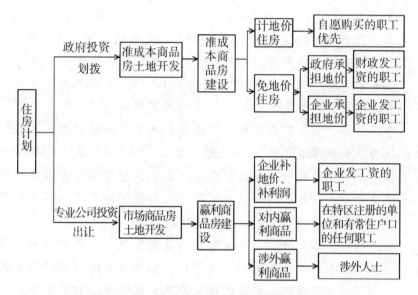

图1—1　当年深圳住房制度改革方案原始截图

为此，当时《深圳特区报》发表了题为"一项突破性的改革"一文，高度概括了深圳房改的历史意义。

链接：

一项突破性的改革——深圳房改
1988年6月11日《深圳特区报》

人们热切盼望的《深圳经济特区住房制度改革方案》已经出台了。这是特区人民生活中的一件大事，也是深圳市今年出台的一项重大改革措施。它的出台，标志着深圳市的"房改"工作向前迈出了勇敢而又重要的一步，反映了深圳经济体制改革又有新的突破。

　　众所周知，深圳特区的现行住房制度是沿袭我国福利式、低租金的住房分配制度的，职工的住房由国家统建统分，房租之低，仅占职工工资收入的 1.5%左右。这样的一套低租金住房制度弊端很多：一是国家建房越多，背的包袱越重。以特区本身来说，从 1979 年到 1987 年底，用于住宅的投资达到 22.4 亿元，几乎占了特区建设总投资的 1/4，虽然建了近 600 万平方米住宅，但住房问题仍然得不到缓解，反而越来越突出。1983 年初缺房 5000 户，到了去年上升到 2.2 万户。这固然与人口大量增加有关，但住房制度不合理是显而易见的。二是不能真正体现多住房、多交钱的原则，刺激和扩大了住房的需求，争着住大房、住好房的现象十分普遍，助长了在住房问题上的不正之风。三是由于租金太低，不要说住房扩大再生产，连维持简单再生产也不可能。事实充分说明，现行的住房制度已到非改革不可的时候了，不改是没有出路的。

　　深圳市的"房改"方案正是为着克服现行制度的弊端，逐步实现住房商品化的要求而设计的。住房改革的目的，是要在减轻国家财政负担，职工经济能力又能承受得了的前提下，正确引导和调节消费，促进消费结构趋向合理，推动职工购买住房，加速资金周转，活跃房地产市场，逐步实现住房的供求平衡。要实行住房商品化，首先要把目前的低租金提到准成本租金的水平上。人们也许会问：为什么不把租金标准定低一点呢？这是因为，如果租金依然定得很低，不能以租养房，怎能实现住房资金投入产出的良性循环？每平方米每月才花一二角钱房租，住得挺好，那谁会去买房呢？把租金定在准成本上，就会使人们通过算账，觉得"买房比租房合算"，自愿买房，从而大大加速住房商品化的进程。所以，改革若不能促进个人买房，不能推动住房商品化，那就失去改革的意义了。

　　如何确定房租标准与职工住房补贴，是"房改"工作中的一个重要环节。把租金定在准成本上，人们的负担能力是否承受得了？这是市委、市政府所反复考虑的。这个"房改"方案，正是根据政府的财力和职工实际收入，经过大量调查研究，反复测算、论证，广泛征求意见而制定出来的。随着大幅度提高租金，相应采取发给补贴、优惠买房等一系列综合配套措施，在总体上，发放的补贴总额与新增的租金总额大体持平，不会给职工增加太多的负担。市统计局城调队对581个公产房住户随机抽样调查的材料表明，按照这个方案，改革后冲销住房补贴和原房租后，住户平均每月需增加房租支出26.30元；若住户购买住房，首期付款10%，余额分15年付清，冲销住房补贴后，平均每户月付购房款65.32元。从大多数职工现在收入状况来看，无论租房或买房，是承受得起的。当然，这么大的改革，要想国家不出钱，个人又不掏钱，那肯定是办不到的。

这里需要指出的是，在住房问题上我们应当更新观念。长期以来，人们习惯于吃"大锅饭"，向公家要房子。一方面，房租的开支在个人的收入中几乎是象征性的；一方面，在工资构成中基本上没有住房消费部分，因此在职工头脑中，没有形成"住房是消费"的观念。一旦旧的住房制度改革了，不管是否对国家、对个人有利，很容易产生某种不适应心理。如果说，房改的难点在于经济承受能力，那么心理承受能力则是丝毫不可忽视的。如果人们都树立起"住房是消费"的观念，把住房消费作为生活消费的一部分，多住房多出钱，住小房少交钱，就会理解和支持这项改革。

住房制度改革是一项复杂的系统工程，牵涉面很广，政策性很强，关系到千家万户的利益。因此，各个部门、各级领导，都要把这项工作放在重要的议事日程上，切实加强领导，精心组织实施。现在，离方案的正式运转尚有半年时间，面临着大量的复杂细致的工作。我们务必抓紧时机，对方案进行广泛、深入的宣传解释，抓好"房改"工作队伍的培训，同时，广泛听取群众意见，使这一改革措施不断完善。我们相信，在市委、市政府的领导下，大家齐心协力，各方密切配合，善于总结经验，"房改"工作是一定能够取得成功的。

4. 基石的奠定

1988 年 10 月 1 日,《深圳经济特区住房制度改革方案》正式实施, 全市公产房、单位自管房的出售、出租工作逐步展开。方案实施后, 市民的购房积极性很高, 当时有一半以上的购房户一次性就付清了房款, 其他的人则通过银行抵押贷款, 一次性向住宅局付清房款。一位香港朋友闻讯赶到深圳, 对亲戚说:"你们别搞错, 香港卖两房一厅, 起码要几十万、上百万港币, 你们那么大的房子才 2 万多元人民币, 只是商品房的零头, 这样的房产现在不置, 更待何时?"

1989 年至 1991 年上半年, 房改后市政府住房基金投资建设的第一批新房(黄木岗西区、鹿丹村、红荔村)开始出售, 准成本价为 397 元/平方米, 远高于 1988 年房改开始时售出的老房成本价。

方案运转近三年后。到 1990 年 12 月底, 特区内已进行房改的老房为 31383 套, 占应参加改革老房总数的 73%。其中, 售房合同占已签合同总数的 85.4%, 回收房款 4.04 亿元; 租房合同占 14.6%, 回收租金 600 万元。深圳的房改经验也引起了国际上的关注, 曾经有一位英国专家来考察深圳, 他感叹说, "英国搞住房私有化这么多年, 卖出的房也只有 26%, 而深圳 82% 的人都购买住房了, 这无疑是一条成功之路!"

(三) 初见成效 (1989—2001)

"道", 是中华民族为认识自然为己所用的一个名词, "道" 是中国古代哲学的重要范畴。用以说明世界的本原、本体、规律或原理。"道" 可以理解为过程、本原、规律、法则、方法等。深圳房改之 "道" 可以以下论之:

1. 科学决策——先行先试的政策规制

(1)《深圳经济特区居屋发展纲要》

在深圳房改的初始阶段, 房改工作的重点是按照房改规定的价格出售政府和单位的公有住房。虽然早期的房改政策规定了谁住谁购的办法, 即使不是本单位职工也可以购买其他单位的住房, 但从总体上看, 政府和单位房改售房主要是面向本系统体制内的职工, 如果有的职工所在单位没有可房改出售的住房, 这些职工由于收入较低，没有经济能力通过市场解决住房问题，就在客观上产生了通过社会获取住房保障的需求。因此，政府为这些职工提供住房保障具有十分突出的必要性。

如何解决这些问题，探索特区住房供应新模式，国内没有先例可以借鉴。只有放宽视野，把目光投向国外。于是深圳市政府组织深圳市房产管理部门考察香港地区及新加坡住房发展经验。

新加坡是住房问题解决得比较好的国家之一，在世界住房界有口皆碑。新加坡有许多住房方面的经验，如新加坡的住房公积金制度；推行住房分类制度，居民分为高收入、中低收入、最低收入三档；政府租屋覆盖中低收入者，廉租屋覆盖最低收入者；保障房建设资金由政府负责筹措；还有严格控制套型与房价方面做法等。

香港毗邻深圳，而且是"同种同俗"，更具借鉴意义。特别是香港房屋委员会从1978年开始实行"居者有其屋"计划，鼓励住公屋的家庭拥有自己的屋所，以便他们腾出公屋让给需要的家庭。该计划的房屋用地是政府免费拨给的，因此房屋售价较私营物业价低三至四成。由于申请购买"居者有其屋"计划房屋的人数每期都超过房屋出售数目，房屋署不得不以摇号方式决定购买者。同时，为补充"居者有其屋"计划的不足，港府又邀请私人发展商购买土地，并规定兴建一定比例的低价房供"居者有其屋"计划的申请人以特价购买。在"居者有其屋"计划下出售的房屋均给予购买者产权。由于政府投入了较大的补贴，为使补贴真正落实到中低收入家庭，防止投机牟利，政府采取了两项控制措施：其一，严格审查购房资格，如家庭收入、人口规模限制，不同面积住房实行不同价格。其二，房屋再交易时予以一定制约。如住户在购得房屋10年内不得转售，确需出售的，只能售给房屋委员会，其中前5年按原价（扣除折旧），后5年比照同期房屋出售价格计算。10年后出售可以进入市场，但须向政府补交一定数额的地价费。

1989年7月27日，深圳市在借鉴香港居屋发展经验基础上，根据"住房私有化、居者有其屋"的方针，颁布了旨在加快住房建设和提高管理水平的《深圳经济特区居屋发展纲要》，提出了"双轨三类多价制"的住房供求模式（见图1—2）。

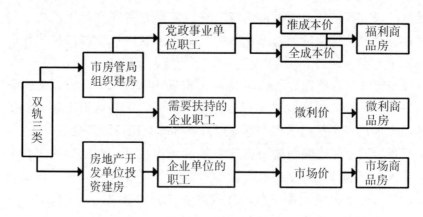

图1—2   "双轨三类多价制"供应模式图解

"双轨"是指住房供应分为两条轨道，一是政府（市、区两级政府职能部门）统一建房，土地来源由政府统一划拨；资金主要来源于政府的住房基金和预售款，辅之以企业投资，少量的银行贷款。二是由专业房地产开发企业投资建房，土地来源是由政府通过协议、招标的方式有偿出让使用权；资金主要来源于企业自有资金、银行贷款和外资等。

"三类"是指根据住房需求的多样性，把住房分为三种类型，即福利商品房、微利商品房（这些按房改政策售、租给职工居住的住房都统称安居房）和市场商品房。福利商品房主要是供应给党政机关、事业单位（财政全额拨款）的干部职工；微利商品房主要是面向企业及其职工和非职工居民；市场商品房则主要是面向全社会及外籍人士等。其中，福利房、微利房由政府统一建设并效仿市场房实行社会化供应方式，取消单位二级分配；市场房由专业房地产开发公司建设。这三类住房的比例，在一定时期内，是"两头小、中间大"，即缩小福利房和市场商品房的比例，逐步加大微利商品房的比例。

"多价制"指根据不同供应对象及职工个人的经济承受能力，制定不同的房价政策。即福利房实行准成本或全成本价；微利房实行微利房价；市场商品房实行外销和内销两种市场价，由市场供求关系决定。

"双轨三类多价制"的住房供应模式，兼顾了"公平"与"效率"的原则。一方面,它是建立在实物分配向货币分配转变基础上的,职工的住房消费直接纳入职工工资,从而建立了住房消费的经济约束手段,这种分配体制比起实物行政分配,其公平性是显而易见的;另一方面,补贴、房租、房价同步进行,促进了职工买房,加速了资金周转,加快了供房速度,这本身又体现了"效率"。

这就是深圳房改的著名模型——纺锤形,福利房、商品房两头逐渐减少,微利房逐步逐渐增多。它借鉴了香港地区和新加坡的经验。这两个近邻,是深圳房改对外开放,实行拿来主义的两个重要渊源。

《深圳经济特区居屋发展纲要》还明确了分三步逐步实现居屋发展总目标,即第一步,在3—5年内基本解决党政机关、事业单位职工居住问题;第二步,在5—8年内缓和特区内住房紧张状况;第三步,到2000年或稍长一点时间,基本上做到符合条件的市民都能住上一套单元式住房。

按照房改方案和居屋纲要的"双规三类多价制"规定的要求,深圳市住宅局从1991年开始向住房困难的市民发售社会微利房,并且一般每两年都能发售一批。由于在住房的配售过程中贯彻了公开、公平、公正的原则,市民反应良好。

(2)《深圳市国家机关事业单位住房制度改革若干规定》发布

从1988年深圳房改方案出台到1999年,深圳一直执行的是按准成本价、全成本价、社会微利价售房的政策,但职工按以上房价买房,仅取得住房的使用权和占有权,没有获得住房全部产权。如何取得全部产权,一直是深化住房制度改革的最重要内容之一。经过多年的坚持不懈的探索,终于有了破题,房改出售的安居房产权问题终于得到了彻底解决。

1999年10月20日,深圳市政府出台的《深圳市国家机关事业单位住房制度改革若干规定》拉开了市民关心已久的安居房上市工程的帷幕。

深圳在第一次房改过程中率先决策:国家机关事业单位职工按照政府规定的价格购买属于安居房条件的住房。这一次的房改更进一步,即职工按政府规定条件价格取得安居房全部产权的,安居房即转化为市场商品房,职工可依法享有占有、使用、收益以及上市交易的处分权。而且这一轮的房改政策具有较强的可操作性，安居房上市出售的准入、相关手续、土地出让金、价格管理以及收益分配管理等问题都已做出明确的规定。已购安居房进入二级市场将会吸引许多住房困难但又没经济实力购买新建商品房的居民，而部分安居房出售者又会在市场上购买更大面积的商品房，住房"过滤"基本实现。

链接：

> 住房过滤是指在市场经济条件下，首先是为较高收入的阶层建造住房，随着时间推移，住房质量老化，质量下降，老的房子价格降低；同时新建的住房供应量增大，于是有较高收入的家庭为了追求更好的居住环境，会放弃现有的旧房子，购买新房子，而较低收入的家庭能够继续使用旧房子的过程。由于住房商品有耐久性和异质性，使住房在动态市场中形成过滤。在市场经济国家，住房过滤现象是常见现象。①

2. 领导重视——调查研究与悉心指导

（1）国家体改委副主任、国务院房改领导小组副组长刘鸿儒同志听取房改工作的汇报

深圳的房改不仅引起了深圳千家万户的关注，也引起了全国和国务院领导的关注。1991 年 3 月 28 日上午，深圳市人民政府住房制度改革办公室在新园宾馆 6 号楼三楼会议室向国家体改委副主任、国务院房改领导小组副组长刘鸿儒等四人汇报了深圳特区房改工作情况。

在汇报前，刘鸿儒说："李鹏总理有个意见，在 1991 年第三季度或国际住房日，国务院要召开全国性房改工作会议。我们这次来广东，有个目的，就是要这方面的材料回去，所以叫你们来的意图是清楚的，就是想总结你们的经验"。

时任深圳市人民政府住房制度改革办公室负责人的董日臣按刘

---

① 郭士征主编：《社会保障学》，上海财经大学出版社 2009 年版。

鸿儒的要求，就深圳房改的进展情况、理论基础、思路、做法、效果、存在的问题以及 1991 年的工作计划等七个方面作了汇报。汇报时，刘鸿儒不时插话和提问。当听到房改与金融有关的职工住房抵押贷款问题时，刘鸿儒说："你们的工作搞得比较细，比较早。"他很重视了解深圳职工的住房补贴情况，并提了不少问题。他对随行工作人员说："你们要把这些问题研究透，好给他们宣传。"

在听完汇报后，刘鸿儒说："全市性这样大面积搞房改，全国还只有深圳。我们这次来，对内要给你们多提出问题，对外要多给你们宣传。三季度要开房改会议，你们要做思想准备和实际准备，就房改思想、设想搞些专题材料，我回去和房改办的同志商量一下，什么时候报来再说。深圳房改搞得很细，我们这次先搞个要点回去通报。你们要准备好三季度开会。这个会是李鹏总理提出的，他已下定决心要把房改搞好。"

（2）建设部城镇住宅研究所谈深圳房改

严正作为房地产专家，早在 1987 年年底的专家评审会上，是当时唯一明确表态支持深圳房改方案的。1991 年 5 月再次来深举办研讨班谈到深圳房改时他又发表了自己的意见："深圳的房改真正是制度上的改革，而不像有些城市只是租金改革，未涉及制度变更这个根本问题。我认为只有深圳和一些县、镇有实质性改革，取得了成效，是'摸到了一块石头'，这是一块了解水深水浅的石头，也可能是指示方向的石头。深圳房改推行住宅小型化，特别是'复式住房'给全国行业带来了'挑战'，很值得研究。"

（3）国务院房改办主任张中俊谈当前房改

1992 年 6 月 2 日，国务院房改办在深圳召开的《城镇公有住房出售管理办法》座谈会结束，张中俊主任在总结时指出：这次座谈会选在深圳开会是因为深圳是全国改革开放的试点城市，房改已走在了前面，取得了一些经验，而不少人还不太了解深圳。同时，也希望通过这次座谈会，深圳继续往前闯，不断提供新经验。

谈到全国房改情况时，张中俊指出，目前全国房改存在两个大问题，一是改革步伐小，提一二角钱，还要发补贴。二是存在降价售房问题，有的连标准价都卖不到，使产权归属问题不好处理。深圳是全成本价，这应该说是找到了一种办法。

张中俊提出：解决住房问题，还是要社会化，不能什么事都让企业永远背下去。

（4）国务院房改检查组莅临深圳市检查房改工作

为贯彻落实国发〔1994〕43号《国务院关于深化城镇住房制度改革的决定》，加强对全国房改工作的指导，保证房改工作按照《决定》精神积极健康地推进，国务院住房制度改革领导小组于1994年11月17日至19日，邀请全国人大常委会委员、代表和全国政协委员组成检查组，对深圳市的房改情况进行检查。

深圳市人民政府住房制度改革办公室在深圳迎宾馆向检查组汇报了深圳市房改工作情况，包括具体做法、所取得的成绩及存在的一些问题。检查组对深圳市房改给予了高度肯定，并指出加大改革力度和深度的同时，要加强宣传工作。

3. 广泛动员——舆论宣传与经验推广

（1）舆论宣传

房改与群众的切身利益息息相关，房改的推进离不开群众的理解与支持，而这种理解与支持的一个重要前提，就是对社会的广泛动员，不仅在房改实施前，尤其在房改推进实施中，当需要转变群众观念时、遇到难点与疑问时，能够设身处地为他们解惑排疑，引领鼓气。仅1989—2001年间，在全国主要报刊、深圳特区报的大型专题报道就有二百余篇，其形式也多种多样，消息、通讯、评论、调查报告、新闻照片、专题论述、人物采访，甚至还有报告文学。这些舆论宣传不仅在时间上非常及时，而且标题、观点立意鲜明，阐述问题开门见山、切中要害，如《一项突破性的改革》《不可逆转的趋势》《住房社会化——住宅制度建设的主题》《深圳住宅：借鉴、探索与创新》《大步提租，促进买房，加速住房与市场衔接》《冷静后的反思》《记者问：为什么深圳房改搞得这么顺？》《众论澄清千重雾——记深圳市民对房改的三次大讨论》《深圳房改学得了》《奇迹，是怎样创造的——深圳住房建设采访之一》《房改，卖房没商量——深圳住房建设采访之二》，等等，不一而足。

链接：

媒体舆论的"激情浪花"

　　一张张详细的表格、一个个准确的数据，使前来参加评审的全国 20 多位专家"服了"，深圳以科学的态度，向社会公布了住房改革测算论证的结论：——住房制度不改革，国家没有前途。——改革越迟越被动，包袱就越重。——提租补贴，根据负担不仅没减轻，相反会增加。——只有把公房卖给职工，改革才算成功，卖得越多越成功。（《不可逆转的趋势》）

　　听完了人们怎么说，再看看人家怎么做。深圳是特区，深圳市也特别：内地现在搞房改，每平方米提一、二角租金还有不少人叫苦；深圳从 1988 年起，百分之八九十的人不愿租房愿买房。有人说，深圳的房改学不了；但事实证明，深圳的房改不仅学得了，而且要好好学。（《深圳房改学得了》）

　　1996 年 6 月，联合国"人居Ⅱ"大会在土耳其的伊斯坦布尔举行。在这里举办的人居成就展览中，中国展馆规模最大，位置最突出，引人注目。步入展厅，首先映入眼帘的是高 2 米宽 10 米的深圳市全景照片，这幅万厦林立的画卷气势恢宏地拉开了中国展馆的序幕。
　　——深圳，是中国大规模建房的缩影。
　　——深圳，是中国政府有效解决人居问题的最佳范例。
　　——深圳特区创办 16 年来，在这片仅占国土百分之零点三的神奇土地上，创造了 200 多项"全国之最"。住房与城市建设是这一系列奇迹中浓墨重彩的一笔。……这座十几年间人口百倍增长的城市是如何解决住房问题的呢？——特区速度："夜行军"，把"蛋糕做大一些"——特区模式：双轨三类多价制。（《奇迹，是怎样创造的——深圳住房建设采访之一》）

　　深圳房改的成功也引起了国际的关注。1994 年 4 月，发展中国家住房问题研究机构在英国的伯明翰大学举行世界住房问题研讨会，介绍中国深圳房改的文章被列为首篇论文宣读。无论是发展中国家还是发达国家，都怀着浓厚的兴趣来深圳考察住房问题。最近，一位美国专家在深圳售房中心亲眼目睹了发售房号的全过程后，兴奋地说："我明白了！这就是房改。"

（《房改，卖房没商量——深圳住房建设采访之二》）

（2）经验推广

——全国第三次房改工作会议在京召开，深圳房改办向大会介绍经验

全国城镇房改工作会议于 1993 年 11 月 30 日—12 月 3 日在北京京西宾馆召开。国务委员、国家体改委主任、国务院房改领导小组组长李铁映做了报告，国家体改委副主任、房改领导小组副组长刘志峰做了说明，领导小组副组长、建设部部长侯捷和财政部副部长项怀诚等分别讲了话。

这次会议取得了几个突破性进展：一是明确房改"以卖为主"；二是以职工承受能力确定房价；三是对产权有了明确规定；四是强调了"售房"与"提租"两个轮子同步一起转。

深圳是本次会议大、中城市中唯一全面介绍房改的城市，出席会议的深圳市房改办副主任董日臣向大会介绍经验，他发言的题目是"深入研究房改理论，加速房改与市场衔接"，其发言受到与会者好评，国务院房改领导小组认为：深圳房改理论系统，思路透彻，成绩显著，是走在全国前面的城市。李铁映在报告中两次提到深圳做法，对深圳房改给予了充分肯定。

——深圳市被评为全国房改工作先进城市

1997 年 1 月 25 日，在全国住房制度改革工作会议上，深圳市被评为全国房改工作先进城市。深圳市人民政府住房制度改革办公室主任孙大海参加了此次会议。

这次会议的中心议题是贯彻中央六中全会精神和中央经济工作会议精神，研究深化房改和培育新的经济增长点的有关政策措施，交流房改经验，表彰这些年来在房改战线上涌现出来的先进城市和

先进企业。

此次会议由时任中共中央政治局委员、国务委员、国务院房改领导小组组长李铁映主持，时任中共中央政治局常委、国务院副总理朱镕基到会做了重要讲话。国务院各有关部门、各省、市、自治区有关负责人以及住房制度改革试行城市、企业的代表约 350 人出席了这次会议。上海市等 27 个城市、3 个企业同获全国住房制度改革先进称号。

在这次大会上，深圳以题为"加强物业管理，推进住房商品化"的文章做了书面发言。深圳在介绍经验的同时，还提出住房公积金制度一直是他们的薄弱环节。完善深圳市的住房公积金制度对微利房购买者提供低息抵押贷款，增强购买者的经济承受能力至关重要。除此之外，安居房（指准成本房、全成本房和微利房）的产权问题也是当前亟待解决的。1997 年深圳市的房改工作将围绕以上两个方面开展工作，争取乘全国房改工作会议的东风，再上新的台阶。

——深圳房改经验在国际上的影响

1991 年 11 月 14 日，世界金融组织顾问、英国住房问题专家卡尔逊先生来深了解深圳房改情况，他说："临行前，我与黑马先生（世界银行首席经济师）交谈过，他对深圳的印象非常深刻，认为你们努力从住房福利型向商品化转变的四步计划很有意义。"

1992 年 9 月 10 日，深圳市住宅局荣获联合国人居中心授予的"人居荣誉奖"。这是我国第二次荣获此奖。10 月 29 日授奖仪式在北京举行。联合国副秘书长、联合国人居中心执行主任拉马昌德兰博士亲自颁发奖牌。

1994 年 4 月 11—14 日，第二届城市贫民住房研究会在英国伯明翰召开，深圳市房改办责任人董日臣出席，并做了题为"深入研究房改理论，加速房改与市场衔接"的大会发言。

（四）成果扩展（2002—2005）

重锤夯实法（heavy hammer tamping）是 20 世纪 60 年代由法国麦纳德技术公司首创的工程施工方法，讲的是重锤与夯实地基的关系。深圳房改要继续推进，离不开加固基础、夯实地基。

1. 找锤——召开深化住房制度改革座谈会

在邓小平房改思路的指引下，深圳通过房改，努力完成住房机制上的三个转变，即由实物分配向货币分配的转变，由财政和企业两者负担向财政、企业和个人三者共同负担转变，由福利制向商品化转变。如何在成绩面前不止步，使深圳房改旗帜继续飘扬，唯有一个选择——深化改革。

2002 年 6 月 12—13 日，深化住房制度改革座谈会在深圳银湖召开。会议由市住宅局局长李昕主持，深圳市副市长卓钦锐致欢迎词。与会领导原国务院房改办主任陈学斌、建设部房地产业司司长侯淅珉对深圳房改予以高度评价，他们认为深圳房改走在全国前列，具有全国意义，是全国的一面旗帜。与会同志认为，深圳房改促进了深圳经济发展和社会稳定，取得了良好的效果：一是有效地解决了市民的住房问题，实现了社会安定；二是房改以后，财政局没有为建房拨款，大大减轻了财政负担；三是发展了住宅与房地产业，促进了经济发展。同时针对深圳房改存在的问题，提出了解决问题的思路，主要包括深化住房分配货币化改革、建立住房公积金制度、理顺安居房价格体系、加强房改理论研究等。

2. 用锤——房改再度加码，机关事业单位实行住房分配货币化

深圳房改自 1988 年开始，就始终坚持住房分配货币化方向，将住房消费以住房补贴的形式计入职工工资，同时，在公房出售价格上，也始终坚持成本价售房的原则，实现了政府住房基金的良性循环。以 1988 年出售旧公房回收的近 2 亿元资金起步，17 年来，住房基金累计完成投资 120 多亿元，较好地解决了机关事业单位职工和部分企业员工的住房问题。

但是，成本价售房毕竟还带有一定成分的福利分房性质，在国务院和广东省提出进一步深化住房制度改革实现住房货币化分配的要求后，深圳在反思，如何结合自身的实际，研究制定深化住房分配货币化改革的方案？同时，深圳过去实施的以机关事业单位职工为重点的住房保障制度与国家提出的建立全社会多层次的住房保障体系的要求有多少差距？

如何进一步深化住房制度改革又一次成为深圳市政府的研究课

题。2003年6月，市政府出台了《深圳市机关事业单位住房分配货币化改革实施方案》（深府〔2003〕104号）。该方案提出，在深圳党政机关事业单位职工范围内基本实现完全的住房分配货币化改革，全面停止机关事业单位全成本微利房的建设和分配，机关事业单位职工面向市场购租商品房。同时，在深圳建立一个与深圳市社会经济发展相配套、与广大职工利益相一致的多层次住房体系。

《深圳市机关事业单位住房分配货币化改革实施方案》的主要内容包括：

（1）改革的指导思想

按照"商品化、市场化、社会化"的原则，以全面建立住房保障体系为目的，以深化住房分配货币化改革为中心，以保障城市低收入家庭的基本住房需求为重点，理顺住房制度存在的矛盾和问题，实现政府职能的进一步转变，重点搞好住宅市场和住宅产业化的规划引导、宏观调控和保障协调，基本实现机关事业单位职工住房分配方式由部分货币化向完全货币化转变。

（2）改革的目标

一是构建与深圳市社会经济发展相配套、与广大职工利益相一致的多层次住房保障体系，形成以市场配置为主导的住房供应体系。较高收入的职工家庭直接购买市场商品房，低收入家庭申请购买经济适用房，生活和住房困难家庭租住廉租房。

二是停止建设和分配全成本微利房。根据《国务院关于进一步深化城镇住房制度改革加快住房建设的通知》（国发〔1998〕23号），以及广东省人民政府《关于加快住房制度改革实行住房货币化分配的通知》（粤府〔1998〕82号），政府今后不再专门为机关事业单位职工建设和分配全成本微利房，各机关事业单位也不得再为本单位职工建（购）住房，职工面向市场购买商品房。符合条件的职工家庭可以申请购买经济适用房。

三是适当提高住房补贴。鉴于深圳市商品房价在全国居于较高水平，房改的售房价又大大高于全国大城市水平，为使职工购房能力与房价相适应，应适当提高职工住房补贴。

四是建立和完善以低收入家庭和"双困"家庭为保障重点的住

房保障制度。包括：第一，合理建设经济适用房。为满足深圳市低收入家庭的住房需求，加大对房地产市场的宏观调控力度，按照"政府规划引导、企业开发建设"的市场化运作模式，组织建设一定数量的经济适用房。经济适用房要直接面向社会职工平均工资水平线以下的低收入职工家庭出售，必须做到严格限制购房对象、严格限制住房面积、严格限制建设标准和严格限制销售价格。第二，建立符合深圳实际的廉租住房制度。根据深圳的实际，政府不专门建设廉租住房，而是按照"货币补贴为主、房屋配租为辅"的原则，建立市、区两级覆盖全市户籍"双困"家庭的廉租住房制度，切实解决困难家庭的住房问题，体现党和政府对社会弱势群体的关心和照顾。方案还在"妥善解决遗留问题""机关事业单位离退休职工政策"和"改革的组织领导和综合配套措施"等方面做出规定。

三　深圳房改主要成果

从 1988 年到 2006 年，深圳住房制度改革在探索中稳步向前推进，实现了从福利型住房分配体制向商品化、市场化、社会化的住房供应体制的根本性转变，改革取得了巨大成绩。

（一）建立了以市场为基础的住房新体制

1988 年 6 月《深圳经济特区住房制度改革方案》实施，深圳市住房制度改革正式开始，随着国民经济市场化改革的不断推进，住房制度改革的目标日渐明确，改革力度不断加码。2003 年 6 月《深圳市机关事业单位住房分配货币化改革实施方案》实施，全力推进住房分配货币化改革，以市场化为目标的住房制度改革进入收官阶段。经过近 20 年的努力，深圳市大力推进公有住房改革，逐步停止住房实物分配并实施住房分配货币化，实现了从福利型住房分配体制向商品化、市场化、社会化供应体制的根本性转变。

根据对深圳市住宅局所管公有住房的统计资料，截至 2004 年年底，深圳市大约 93% 的可出售公房已出售给职工，并已明晰住房产

权。另一方面，深圳市居民的住房自有率早在 1999 年年底就已超过
90%。据国家统计局有关资料，至 2004 年深圳市 93% 以上的户籍居
民家庭拥有自有产权的住房。通过住房改革，住房投资和分配机制
已发生重大变化，居民成为住房消费的主体，一个以市场供应为基
础的新住房体制得以建立。在市场中，居民和开发商直接买卖商品
房，不但卸下了国家和企业的沉重包袱，同时也破除了福利分房中
扭曲的分配机制，住房资源配置效率大为增加。这是住房制度改革
工作所取得的根本性重大胜利。深圳房改为我国打开住房产业化的
大门提供了一把钥匙，开通了一条住房商品化、社会化的示范之路。

（二）确立了"自住其力"的住房消费观念

随着新住房体制的逐步形成与建立，城镇居民在传统体制下形
成的住房是政治待遇的等级制观念，住房福利制是社会主义优越性
的观念，住房由财政和企业全包的观念，把住房排斥在居民消费之
外的观念已经发生根本的转变，住房商品化观念基本形成。全民住
房消费意识已经建立，购房已成为居民生活中的重要内容，深圳个
人住房消费占个人消费总支出比例约 20%—30% 或更高。

（三）推动了房地产业和物业管理行业的发展

房改前住房是国家提供给职工的福利，住房建设资金完全依赖
国家和单位拨款，大额资金沉淀在住房之中，住房投资不能形成良
性循环，因而住房投资效率低下，导致了整个住宅产业萎缩。住房
制度改革有效地启动了个人住房消费，使个人储蓄资金大量注入住
宅市场，形成了房地产投资的迅速周转，从而有力地促进了住宅市
场和整个房地产领域的发展与繁荣。由于房地产产业对上下游产业
的巨大带动作用，住房需求的增长和房地产产业的繁荣对国民经济
增长起到了重要的拉动作用。2006 年的深圳商品住宅销售额已达
651.49 亿元，占 GDP 的 10% 以上，住宅产业已经成为深圳的支柱
产业之一。

住房制度改革不但促使住宅产业迅速发展，还直接推动了物业
管理产业的产生和成长。商品房的迅速增加导致了商品房住宅小区

的出现，直接催生了物业管理公司以及整个物业管理行业。1981年3月18日，深圳市第一家物业管理公司——深圳市物业管理公司，就是基于深圳市的第一个涉外商品房住宅区东湖丽苑住宅小区而诞生的。该公司是全国第一家物业管理公司，深圳也成为全国物业管理行业的诞生地，深圳物业管理行业由此成为全国物业管理行业的领头羊。1989年7月，深圳市房产管理局将下属事业性质的房管所全部改组为企业性质的物业管理公司。2004年，深圳市的物业管理行业已发展成一个拥有正式注册物业管理公司755家、从业人员10万多人和产值60多亿元的重要产业，至2006年物业管理公司数量已达到1029家，从业人员接近翻番。

（四）兴建了相当规模的政策性住房

通过出售公有房屋，深圳回收了大量沉淀的住房资金，将之用于安居房和经济适用房的建设，建立和完善了深圳市的住房保障制度。据深圳市国土资源和房产管理局房改处的不完全统计，从1988至2004年，深圳经济特区通过出售房屋共回收房款250多亿元。通过使用这笔资金投入建设，深圳市1988—2004年共完成了1715多万平方米的安居房、经济适用房建设。特别是2003年以来深圳市以中低收入者群体为目标，出台了一系列有关政策措施，大力推进经济适用房建设和完善廉租房制度，建立和完善全市的住房保障制度。如2004年12月，桃源村三期经济适用房项目开工建设，总建筑面积为243531.76平方米，户数为2832户。2005年，全市在建的经济适用房项目共12个，总面积132.81万平方米，套数为10521套。2005年年底前，通过货币配租方式解决了400多户登记在册的双特困户家庭的住房问题，为2004年年底前登记在册的546户特困家庭提供了廉租房。

四　回望与反思

深圳房改已逾20载。抚今追昔，依然有些遗憾叹息。

（一）房改法规位阶不高

1992 年，全国人大授权深圳市人民代表大会及其常委会特区立法权、市政府特区规章立法权。但遗憾的是，深圳未能充分利用这一立法权，以致制定政策法规的部门层级不高，制定的政策法规位阶不高。

从 1988 年至 2006 年之间，深圳市在住房改革领域出台的政策法规文件有几十件，既没有一件是特区法规，也没有一件是地方法规和特区规章，所有政策文件包括《深圳经济特区住房制度改革方案》《深圳市国家机关及事业单位住房制度改革若干规定》《深圳市机关事业单位住房货币化改革实施方案》都只是深圳市地方规范性文件，而且占绝大多数的是以市房改办名义发布的一般性规范文件。作为地方规范性文件，具有明显的不稳定性和暂时性，法律效力不足。

（二）房改覆盖面相对狭窄

房改前期主要解决的是体制内和企业职工住房困难群体，对于体制外和企业外的社会住房困难群体关注缺失或不够，其中特别是中低收入的群体，包括：一是不满足廉租房申请条件，又没钱购买经济适用房的住房困难家庭；二是不满足经济适用房申请条件又无力购买商品房的住房困难家庭，如中低收入家庭、新就业职工群体。此外，房改主要针对的是户籍"在编""在岗"干部职工，深圳市常住人口中为数众多的非户籍群体的住房问题并未真正得到解决，在当时该群体的规模约在 500 万—600 万之间。

（三）政策性住房上市遗患重重

福利房、安居房可统称为政策性住房。深圳房改的一个重要思路之一是"售"，之后又可以转为市场商品房。政策性住房终极目标是"住有所居""人人享有适当住房"，而非"人人拥有住房"。带有福利和救济性质住房直接转化为商品房，一定程度背离了政策性住房原意，更多地带有社会财富再分配的色彩。国家 2007 年之后大规模开展的住房保障计划，政策目标不仅是解决低收入家庭住房困难，也掺入社会财富再分配的含义，如国家七部委出台经济适用房管理办法允许经适房持有 5 年后可以上市流通，恐也一定程度受到深圳模式的"启发"。2012 年深圳市住房保障制度改革纲要中即提出了保障房封闭运作，但该项改革迄今仍然停留在"构想"阶段，除立法程序等技术原因外，难免也有历史的"惯性思维"作用。

（四）前后政策衔接不足

1993 年深圳市按照国家有关规定，将社会微利房调整为经济适用房。2005 年深圳开始着手建立以货币补贴为主，实物配租为辅的廉租住房保障新机制等，但由于立法原意不同、核心对象不同，国家和深圳政策体系衔接势必出现"真空"，如社会微利房对象为企业职工，而经济适用房为低收入住房困难家庭，两者的面积标准均存在一定差异。受到安居房"惯性"影响，深圳早期的经适房也存在面积相对较大的问题，2005 年出售的经济适用房的套均面积超过 90 平方米，相比后来《关于进一步促进深圳市住房保障工作的若干意见》（深府〔2007〕262 号）中经济适用房单套面积不得超过 60 平方米的规定有较大的差距。

2005 年，经济适用房的开工建设面积为 63.62 万平方米，而当年开工建设的商品房建设面积为 753.9 万平方米，其比例仅为 8.4%。至 2006 年 9 月底全市最低生活保障对象已经达到 5061 户，而其中享受廉租住房以及住房救助的不足 40%。保障性住房的建设力度有待加强，覆盖范围还需扩大。这其中，原因固然是多方面的，但历史因素不容小觑。

五　历史瞬间

（一）1988 年 6 月 11 日，《深圳特区报》发表社论《一项突破性的改革——深圳房改》

社论称"深圳房改方案"的出台，标志着深圳市的"房改"工

作向前迈出了勇敢而又重要的一步,反映了深圳经济体制改革又有新的突破。(见图1—3)

图1—3 1988年6月11日《深圳特区报》的一篇社论

（二）深圳市房产管理局公房出售现场（见图1—4）

图1—4 深圳市房产管理局公房出售现场

（三）1988 年 12 月 16 日，深圳市开始为实行房改的公产房发
放《准成本商品房》房屋所有权证（见图 1—5）

图 1—5   深圳市房地产证书颁发现场

（四）1992 年 3 月 16 日—4 月 2 日，市房改办第三批又举办了
三期房改培训班，培训人员 280 人，为基层培训了一批房改骨干
（见图 1—6）

图 1—6   第七期房改人员持证上岗培训班

（五）翠榕住宅小区

该小区为社会微利房住宅小区，511 套，于 1989 年建成，位于深圳市莲塘片区，是住房制度改革多价制地解决企业员工住房困难的典范（见图 1—7）。

图 1—7　翠榕住宅小区

（六）沙头角十二小区

该小区也为社会微利房住宅小区，550 套，于 1995 年建成，位于深圳市沙头角东南海岸，布局多样，集中合理，深圳住房制度改革多价制的体现（见图 1—8）。

图 1—8　沙头角十二小区

（七）2002 年深圳市深化住房制度改革座谈会（见图 1—9）

图 1—9　2002 年深圳市深化住房制度改革座谈会

（八）深圳市副市长吕锐锋出席深圳市住房发展论坛并讲话（见图 1—10）

1988 年《深圳经济特区住房制度改革方案》出台，深圳成为全国率先启动住房制度改革（以下简称房改）的城市，全国的房改也由此拉开了序幕。历经将近 20 年创新发展与深化改革，深圳完成了住房分配商品化、市场化、社会化的改革，并探索建立与深圳市社会经济发展相配套，与广大市民利益相一致的多层次的住房保障制度，力图形成以中高收入家庭购买市场商品房、低收入家庭购买经济适用房、特困户租住廉租房的住房供应体系。

图 1—10　2003 年深圳住房发展论坛现场

第二章

市场失灵　深圳住房保障应运而生

2003 年，深圳市发布《深圳市机关事业单位住房分配货币化改革实施方案》（深府〔2003〕104 号），要求停止建设和分配面向机关事业单位的全成本微利房，实现机关事业单位职工住房分配方式由部分货币化向完全货币化转变，最终形成以市场配置为主导的住房供应体系。这标志着深圳住房制度改革进入收官阶段。随后 2004 年深圳市机构调整，撤销深圳市住宅局，组建深圳市国土资源和房产管理局，原住房管理职能也并入新的机构。但随着房地产市场日益繁盛，商品房价格不断攀升，低收入家庭住房困难显得日益突出，深圳住房保障呼之欲出。

一　深圳住房保障缘起

（一）房价持续攀升，市场机制失灵

2003 年之前，中国房地产行业虽然日益显露出"龙头老大"的面目，但全国包括深圳的房地产市场运行平稳，市场商品房价格波幅不大。房地产成为国民经济支柱产业的定位，源于 2003 年《国务院关于促进房地产市场持续健康发展的通知》（18 号文）出台。18号文在确立了房地产支柱产业的地位和其持续健康发展的大方向后，还明确提出建立起了一个比较完整的市场化的住房供应体系，文件内容几乎涉及了房地产业每一个环节。时至今日，它依然在影响着我国房地产市场和经济发展。

全国房地产价格逐步走高始于 2004 年。深圳房地产市场住宅价

格统计亦显示，2000—2003 年涨幅基本维持在 5% 左右，2004 年涨幅蹿升至 9.19%，2005 年略有回调，2006 年和 2007 年房价涨幅则进一步高达 31.36% 和 45.48%。由此，全国包括深圳开启了房价快速上涨周期（见图 2—1）。

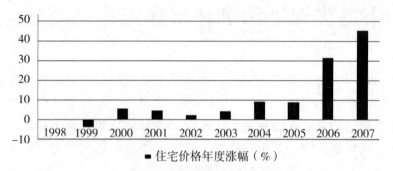

图 2—1　1998—2007 年深圳市住宅价格年度涨幅

资料来源：深圳市住房研究会整理。

随着房价不断攀升，居民购房压力不断加重。根据深圳统计数据测算，2006 年深圳购房月还款额占家庭可支配收入比例低于 30% 的群体，仅包括中等偏上及以上收入水平家庭。这就意味着中等收入及以下水平家庭都无力购房，深圳的住房形势已十分严峻（见表 2—1）。

表 2—1　2006 年深圳市不同收入水平家庭购房支付能力测算表

家庭类型	户平均人口（人）	月人均家庭可支配收入（元）	月家庭可支配收入（元）	月还款额占家庭可支配收入比例（%）
最低收入户	3.55	713.70	2533.64	95.19
低收入户	3.24	997.59	3232.19	74.62
中等偏下户	3.50	1361.10	4763.85	50.63
中等收入户	3.22	1884.41	6067.80	39.75
中等偏上户	3.19	2636.44	8410.24	28.68
高收入户	3.20	3492.52	11176.06	21.58
最高收入户	3.08	5062.87	15593.64	15.47

资料来源：《深圳统计年鉴 2007》。

纵观全国，商品住房平均销售价格从 1998 年 2063 元/平方米上涨到 2011 年 5357 元/平方米，"北、上、广、深"更突破了万元水平，房价上行远远超过了普通居民经济可承受能力，"市场失灵"，普通居民买不起商品住房，成为我国城镇住房的突出矛盾之一（见表 2—2）。

表 2—2　2002 年和 2011 年北、上、广、深住宅商品房平均销售价格

单位：元

城市	2002 年住宅商品房每平方米销售价格	2011 年住宅商品房每平方米销售价格	增长率（%）
北京	4467.00	15517.90	247.39
上海	4007.00	13565.83	238.55
广州	3995.00	10925.84	173.49
深圳	5267.00	21037.05	299.41

数据来源：国家统计局官方网站。

链接：

市场失灵理论

西方经济学认为，在完全竞争条件下，市场经济能够在自发运行的过程中，仅仅依靠自身力量的调节，使社会上现有的各种资源得到充分、合理的利用，达到社会资源的有效配置状态。但理想化的假定条件并不符合现实情况，例如完全竞争的条件，在大多数行业市场并不存在。而且在很多行业市场中，市场机制即使能够充分发挥作用，也无法达到符合整个社会要求的资源配置结果。这些问题就是市场经济自身所无法克服的固有的缺陷或不足，西方经济理论将它们统称为"市场失灵"。换句话说，市场失灵是自由的市场均衡背离帕累托最优的一种情况。

住宅所特有的位置固定性、地区性、异质性和资源稀缺性等特征都决定了住宅市场只能是一个不完全竞争的市场，因此，

仅靠市场调节和配置的住宅市场是缺乏效率的，即住宅市场存在市场失灵，不能自发引导经济达到帕累托最优。比如，社会并不都是由买得起商品住房的高收入家庭组成的，对于那些确实买不起商品住房的中低收入家庭，希望通过所谓的"市场游戏规则"实现住房的公平分配是不可能的，或者说在解决中低收入家庭住房问题时，市场是失灵的。究其原因，住房市场的主导力量通常属于供应方，由于土地资源的有限性和房地产开发规模经济的必要性，即使是在竞争激烈的住宅市场上也很容易存在部分的或地域性的垄断。为了追求利润最大化的目标，开发企业往往重视高盈利的高档住宅项目，忽视中低收入消费者的住房需求，结果会造成高档商品住房因供给过剩而空置和普通商品房供应严重不足的供求失衡现象。虽然市场机制能够实现市场供求的自动均衡，但住房商品的复杂性，供给随价格变动的敏感性不高，阻碍了住房供求的均衡调节，从而导致生产资源的浪费和消费者剩余的损失。

由于在解决中低收入家庭住房问题上存在市场失灵，政府作为一国经济的宏观调控者和管理者，就有必要适当地干预和调节市场的运行，保护弱势群体的住房利益。建立合理的住房保障制度是各国政府介入居民住房问题的主要方式，其实质是政府通过干预保障性住房的供应，解决部分居民住房支付能力不足的问题。①

（二）中央全面部署　地方贯彻执行

随着商品房房价快速上涨，居民住房问题日益严峻。住房问题逐渐从经济问题上升到民生问题和政治问题，甚至成为关乎社会稳定、社会公平，检验党和政府执政能力的重大问题。面对此局面，国家主要从两个方面入手，一是引入行政手段和经济手段干预调控房地产市场。自 2003 年开始，国家层面连续启动多轮房地产调控。

---

① 叶科：《我国城镇经济适用住房政策研究》，武汉科技大学，2003 年；贺芳：《我国城镇住房保障制度研究》，武汉科技大学，2009 年。

二是全国范围全面强力推进住房保障。力图以保障房抑制快速增长的市场商品房价，缓解居民住房困难，我国也由此进入了市场商品房和保障房双轨运行状态。

链接：

全国房地产调控

第一轮调控以 2003 年 6 月人民银行下发《关于进一步加强房地产信贷业务管理的通知》为标志，规定对购买高档商品房、别墅或第二套以上（含第二套）商品房的借款人，适当提高首付款比例，不再执行优惠住房利率规定。这是我国自 1998 年以来，第一次出台抑制房地产过热的政策措施。同年 8 月，国务院发布《关于促进房地产市场持续健康发展的通知》，明确将房地产业作为国民经济的支柱产业。同时提出要调整住房供应结构，增加普通商品住房供应，加强对土地市场的宏观调控，市场过热势头有所减缓。

第二轮调控为 2005—2008 年。2005 年 3 月，央行宣布取消房贷优惠政策，将个人住房贷款最低首付比例提高到 30%。同年 3 月、5 月，国务院相继出台"国八条"和"新国八条"。2005 年 10 月至 2006 年 7 月，国家税务总局也连续发布文件，不断强化二手房税收政策。从 2006 年 8 月起，全国范围内统一强制性征收二手房转让个人所得税。2007 年 9 月，央行出台新政，购买第二套住房首付比例不得低于 50%。该轮调控针对主要大中城市房地产价格上涨过快问题，从打击投机性需求入手，发力控制房价。调控后市场需求急剧萎缩，2005 年、2006 年开发商土地购置面积都是负增长，2005 年商品住宅竣工面积增速降至 2.5%，之后增速持续低于 10%。2008 年销售面积比上年下降 20.3%，房地产开发建设随之放缓。

第三轮调控为 2008—2009 年。由于国际金融危机我国房地产调控政策转向。2008 年，为实现"保增长"目标，一系列税收、信贷刺激政策陆续出台，房地产市场需求迅速反弹，2009 年商品住宅销售面积增速达到 45.4% 的高点。2009 年房价再次快速上涨。

第四轮调控为 2009 年年末。调控核心仍从抑制需求入手促进房价合理回归。2009 年年末,"国四条""国十一条"相继出台,土地、金融、税收、行政等多种调控手段陆续登场。在提高二套房贷款首付比例和贷款利率后,号称"史上最严"的"限购、限贷"措施开始实施。

2007 年 8 月 7 日,《国务院关于解决城市低收入家庭住房困难的若干意见》出台,该文件指出:"住房问题是重要的民生问题。党中央、国务院高度重视解决城市居民住房问题,始终把改善群众居住条件作为城市住房制度改革和房地产业发展的根本目的",并要求:"把解决城市低收入家庭住房困难作为维护群众利益的重要工作和住房制度改革的重要内容,作为政府公共服务的一项重要职责,加快建立健全以廉租住房制度为重点、多渠道解决城市低收入家庭住房困难的政策体系。"

随后,全国城市住房工作会议 24 日至 25 日在北京召开,以进一步贯彻落实该《意见》的相关规定。9 月 26 日,建设部、发展改革委、监察部、民政部等九部门联合发布《廉租住房保障办法》。时任国务院总理温家宝于 11 月 19 日在新加坡访问时表示:"如果提起人民生活,我最为关注的是住房问题。"12 月 1 日,建设部、发展改革委、监察部、财政部等七部门联合发布《经济适用住房管理办法》。如此密集的政策措施表明中央对住房困难这一民生问题的高度重视和在这一问题上取得突破的重大决心,《国务院关于解决城市低收入家庭住房困难的若干意见》也成为我国住房保障体系建设的新起点。

2007 年,深圳市七名人大代表领衔的市人大重点议案《关于进一步加快公共租赁住房和经济适用房建设,缓解低收入家庭住房困难的建议》经深圳市人大常委会审议通过并转交市政府办理。同年,深圳市政府也将提供 6006 套保障房供应分配列入 2007 年市政府十大民生实事。

根据国务院《关于解决城市低收入家庭住房困难的若干意见》(国发〔2007〕24 号),提出的关于"要进一步建立健全城市廉租住房制度、改进和规范经济适用住房制度"的要求，深圳随后出台了《关于进一步促进深圳市住房保障工作的若干意见》（深府〔2007〕262号）。以此为标志，深圳住房保障改革正式拉开帷幕。

链接：

公平分配理论

公平分配理论的目标就是协调好公平与效率两者的关系。两者间的核心问题就是收入分配问题。公平分配是一个涉及国家国民经济宏观和微观运行的重要理论问题，也是实施公共住房政策的重要理论依据。

效率与公平是评判政府政策的两个标准。但效率与公平又是一对既相互联系又相互排斥的矛盾统一体，住房政策应当实现公平目标，政府应该注重住房公平分配，通过对中、低收入阶层的补助，缩小他们与其他阶层在居住水平上的差距，使他们能够达到政府规定的住房水准。公平分配理论认为，在信息不完全、竞争不充分的市场经济条件下，由于机会的不平等而导致不同人群之间收入分配的不公平，从而产生社会的弱势群体。他们没有享受到市场经济发展带来经济增长的成果，而成为社会的贫困者或低收入阶层。

为了消除社会不公平状况，使广大居民都能享受到经济发展的利益，从而保证公平分配和社会稳定，政府有责任和义务尽可能使低收入家庭也能安居乐业。这就是各国政府建立住房保障制度的根本原因。①

---

① 贺芳：《我国城镇住房保障制度研究》，武汉科技大学，2009年。

二　深圳住房保障改革路线图

深圳住房保障改革路线如图 2—2 所示。

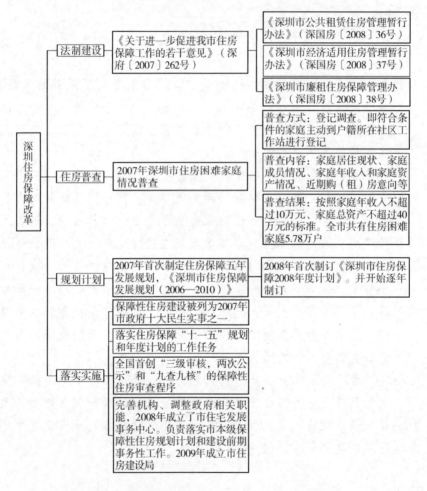

图 2—2　深圳保障住房 2007—2009 年改革路线图

资料来源：深圳市住房研究会整理。

（一）地方住房保障配套文件出台

2007年12月6日，深圳市出台了《关于进一步促进深圳市住房保障工作的若干意见》（深府〔2007〕262号）（以下简称《意见》）。根据该《意见》，深圳明确提出要解决城市低收入家庭的基本住房需求，构建与城市财力和土地资源承载能力相适应，与产业政策和人口政策相衔接，与经济发展和社会保障的整体水平相协调，符合本市实际的住房保障体系，并确立了2007年实现享受市民政部门核定的最低生活保障待遇的户籍家庭应保尽保、全面覆盖，力争到"十一五"期末基本解决户籍低收入家庭的住房困难的目标。

《意见》在原则上规定了深圳市住房保障的对象、标准和方式，明确了保障性住房的资金来源，其中规定全市年度土地出让净收益一定比例应用来进行保障性住房建设；要求多渠道增加保障性住房供应规模，鼓励企业投资建设保障性住房，包括房地产开发企业建设经济适用住房及采取建设、运营、转移方式参与建设公共租赁住房。并规定了保障性住房建设的面积标准，要求把保障性住房规划纳入到年度城市住房建设规划中。

同时，《意见》还明确提出五项重点工作要求：（1）加强住房保障申请对象的资格核对管理，要求尽快开展全市户籍无房家庭等住房保障对象普查工作，建立相关档案，资格核对方式按照"以部门核查相关政务信息为主、以个案抽查为辅"的原则进行；（2）规范保障性住房出租和销售程序，符合相应保障条件的，纳入公共租赁住房和经济适用住房保障轮候册进行轮候；（3）严格规范廉租住房和公共租赁住房的退出机制，市、区住房保障机构每年对享受廉租住房保障的居民家庭进行资格复核，对符合相关资格条件规定的居民家庭，按规定办理退租或停发货币补贴；（4）加强经济适用住房产权管理，实行回购制度。新出售的经济适用住房在售后5年内不得办理取得全部产权的手续，并不得转让、出租、抵押。（5）要求建立保障性住房信息管理平台（见表2—3）。

表 2—3　　　　　　　　　　保障性住房类型表

保障性住房类型	保障对象	保障方式	建设标准
廉租住房	住房困难的户籍特困家庭（低保家庭）	货币配租为主，实物配租为辅	单套建筑面积一律不超过 40 平方米
公共租赁住房	户籍低收入家庭（有收入资产限制）	配租	租赁住房单套建筑面积一律不超过 50 平方米
	行政事业单位新录用人员		
	国内外引进的初、中级人才		
经济适用住房	户籍低收入家庭（有收入资产限制）	配售	单套建筑面积一律不超过 60 平方米

资料来源：深圳市住房研究会整理。

（二）全国率先大规模开展住房困难家庭普查

2007 年，为落实《国务院关于解决城市低收入家庭住房困难的若干意见》（国发〔2007〕24 号）深圳 262 号文，全面掌握全市户籍住房困难家庭居住和收入的基本情况，推进深圳住房保障工作，深圳市政府决定在全市范围内开展户籍住房困难家庭情况普查工作。从普查准备、实施到总结，前后历时三个月，全市 55 个街道办、620 个社区工作站参与了本次调查。这是深圳也是全国首次组织实施的相关调查工作。

普查采取登记调查形式，通过全市各种新闻媒体发布普查公告，符合条件的家庭主动到户籍所在社区工作站进行登记。普查内容主要包括被普查家庭居住现状、家庭成员情况、家庭年收入和家庭资产情况、近期购（租）房意向等。普查对象需满足的主要条件：户籍家庭，不拥有住房或自建私房用地，年收入不超过 10 万元、家庭总资产不超过 40 万元。

普查结束后，共有近 6 万户家庭递交了普查表，其中基本符合户籍住房困难家庭条件的有 57786 户。根据普查结果，对深圳市户籍住房困难家庭的住房需求进行了预测，预计截至 2010 年年底户籍住房困难家庭接近 8 万户。本次普查工作为落实深圳市"十一五"

政策性住房建设规划和计划，建立和完善深圳市住房保障政策制度体系，提供了扎实的数据支持。

链接：

2007 年 9 月 3 日，深圳市人民政府办公厅发布《关于印发 2007 年深圳市户籍住房困难家庭情况普查工作方案的通知》（深府办〔2007〕140 号）。

2007 年深圳市户籍住房困难家庭情况普查工作方案

为进一步促进我市住房保障工作，全面掌握我市户籍住房困难家庭当前居住和住房需求的基本情况，市政府决定，在全市范围内开展户籍住房困难家庭情况普查工作。为保证该项工作的顺利进行，制定本方案。

一、指导思想和目标

以科学发展观为指导，根据《国务院关于解决城市低收入家庭住房困难的若干意见》（国发〔2007〕24 号）的有关要求，结合《深圳市住房建设规划（2006—2010）》，通过全面掌握本市户籍住房困难家庭当前居住和收入的基本情况，为切实解决户籍家庭的住房问题提供翔实、可靠的数据，全面推进本市住房保障工作。

二、普查对象和内容

（一）普查对象

普查对象须在本市居住，且同时满足下列条件：

1. 夫妻至少有一方具有本市户籍的家庭，本市户籍的单亲家庭，或本市户籍并已年满 28 周岁的单身人士；

2. 被普查家庭不拥有住房或自建私房用地，或拥有住房但人均建筑面积不超过 $10m^2$，所拥有住房无论是否办理房证（其中住房包括政策性住房、商品房、自建私房、集资房、军产房等）；

3. 被普查家庭年收入不超过 10 万元，家庭总资产不超过 40 万元。

（二）普查内容

本次普查内容包括被普查家庭居住现状、家庭成员、年收入、资产情况和近期购（租）房屋意向等。

三、组织领导

为切实加强对本次户籍住房困难家庭情况普查工作的领导，由深圳市房屋委员会负责，并设立市、区普查办公室具体组织实施普查工作。

（一）深圳市房屋委员会

主　任：吕锐锋

副主任：黄锦奎　张士明（市国土房产局）

成　员：市政府办公厅，市发展改革局、民政局、财政局、编办、劳动保障局、国土房产局、规划局、物价局、法制办、建筑工务署，中国人民银行深圳市中心支行，各区人民政府、光明新区管委会等单位负责同志。

由市房屋委员会统筹指导普查工作，对重大问题进行决策，明确普查目标及成果要求。市国土房产局负责全市普查工作的协调工作。各区人民政府负责组织本辖区普查的各项工作。光明新区作为单独的普查区域，由光明新区管委会组织开展普查工作。其他成员单位积极配合，安排好普查工作的有关事宜。

（二）市房屋委员会下设市普查办公室

市普查办公室设在市国土房产局，组成成员和职责如下：

主　任：张士明（市国土房产局）

副主任：孔爱玲（市统计局）　李加林（市国土房产局）

成　员：市国土房产局、统计局和各区建设（住宅）局、光明新区建管办相关人员。

职　责：全面负责组织开展普查工作。

（三）各区成立普查办公室

各区人民政府、光明新区管委会相应成立区普查办公室，分管副区长（管委会副主任）任办公室主任，负责本辖区普查的各项工作。

各街道办事处负责组织本街道普查工作的开展，配合做好宣传工作和普查员的培训工作。

各社区工作站作为本次普查的登记点，选派出普查员直接负责普查的具体工作，包括：接受普查培训；负责普查表格的发放、回收、初审；发放宣传材料，向市民解释普查有关政策。

四、普查方式

本次户籍住房困难家庭情况普查工作，由全市统一部署，分区组织实施，全面推进普查工作的开展。各社区工作站为登记点，符合填表条件的被普查家庭到就近的社区工作站领表（或网上下载），填写完毕后，携带户口本到其户籍所在地社区工作站交表，社区工作站负责对表格进行初审、编号、分宗管理，街道办事处汇总上报区普查办公室。各区普查办公室组织力量，集中进行数据录入，统计分析后上报市普查办公室。市普查办公室根据数据统计分析结果，建立全市户籍住房困难家庭档案数据库，并形成综合分析报告。

五、普查时点

本次普查的所有信息均以 2007 年 9 月 1 日零时零分的情况为准。

六、时间安排

2007 年 9 月 3 日发布新闻通稿，宣传工作全面开展；9 月 10 日前完成普查的各项前期准备工作；9 月 11 日至 9 月 15 日完成普查培训工作，其中 11 日由市统一对区普查办公室及相关工作人员进行培训，12 日至 15 日各区组织街道办事处和社区工作站相关工作人员进行培训；9 月 17 日至 9 月 30 日，为社区工作站的普查登记时间；10 月 8 日至 12 日，为街道办的汇总上报时间；10 月 13 日至 10 月 21 日，为各区普查办公室的数据录入和汇总入库时间；10 月 22 日至 10 月 31 日，为分析评估和撰写报告时间。普查工作于 10 月底基本结束。

七、经费保障

本次普查的前期准备（含普查宣传、普查培训、表格印制发放等）、数据库建立及综合分析报告撰写等工作的经费由市国土房产局测算，市财政局审核安排。各区、光明新区普查登记、普查表回收及数据处理等工作的经费由各区、光明新区安排。

（三）全国首创公共租赁住房

从 2002 年开始，配合国家相关政策的出台，深圳开始探索并逐步启动廉租住房保障工作。经过几年的实践，深圳廉租住房保障工作已成为一项有计划、常规性的工作，并逐步建立起以货币补贴为主、实物配租为辅的廉租住房保障制度。自 2005 年以来，深圳廉租住房保障覆盖率已达 100%，登记在册、符合条件的约 2000 户低保户均已享受了廉租住房保障，做到了"应保尽保"。

在"高中收入家庭购买市场商品房，低收入家庭购买经济适用房、特困家庭租住廉租房"的住房供应体系初步形成的形势下，买不起经济适用房也不符合租住廉租房条件的"夹心层"家庭，其住房困难问题日益凸显。2005 年，深圳为弥补现行住房保障体系的漏洞，提出经济适用住房"可租可售"的思路。2006 年，借鉴新加坡和香港地区先进经验，在基本解决低保家庭廉租住房问题的基础上，将住房保障对象扩大到住房"夹心层"。

2007 年《深圳市人民政府关于工业区升级改造的若干意见》（深府〔2007〕75 号）明确提出了"公共租赁住房"和建立健全公共租赁住房制度的任务。同年，深圳正式立项委托专业机构研究公共租赁住房制度。研究成果提交后，深圳迅速向国家住建部报告并得到认可和赞许。住建部领导建议，将公共租赁住房覆盖面扩展至两个"夹心层"，即"买不起经济适用房也不符合租住廉租房条件的家庭"和"买不起市场商品房也不符合经济适用房条件的家庭"。

2007 年 12 月，深圳启动了第一次公共租赁住房出租工作，将 2730 套公共租赁住房面向户籍低收入家庭出租。由此，深圳逐步建立了双困家庭租住廉租住房，"夹心层"家庭租住公共租赁住房，低收入家庭购买经济适用住房、中等收入家庭购买限价商品房的多层次住房保障体系。随后，国家推广深圳经验，在全国范围大规模推行公共租赁住房，形成了"以租为主、租售并举"的新型住房保障模式。

（四）三个住房保障管理办法同时出台

2008 年 1 月 18 日，原深圳市国土资源与房产管理局同时出台了《深圳市公共租赁住房管理暂行办法》《深圳市经济适用住房管理暂行办法》和《深圳市廉租住房保障管理办法》。三部《办法》分别对公共租赁住房、经济适用房和廉租房三类保障性住房的定义、规划计划、资金房源、保障对象、保障标准、申请审核、监督管理等情况做出明确规定（见表 2—4、表 2—5、表 2—6）。

表 2—4　　　　　　　　　　　公共租赁住房的部分规定

	公共租赁住房的规定
申请人	（一）申请人及共同申请人均具有本市户籍。 （二）申请人与共同申请人之间有法定的赡养、抚养或扶养关系，包括申请人及配偶、子女、父母等。 （三）申请人及共同申请人不拥有任何自有形式的住房和建房用地。 （四）家庭人均年可支配收入在提出申请前连续两年均低于本市低收入标准线。 （五）家庭总资产不超过一定限额。 （六）申请人及共同申请人没有违反国家计划生育政策。 （七）市住房保障管理部门规定的其他条件。
配租标准	单身人士或两人家庭可申请户型为单间或一房一厅公共租赁住房，三人或三人以上家庭可申请户型为两房一厅的公共租赁住房。新建公共租赁住房的单套建筑面积不超过 50 平方米。
租金标准	公共租赁住房租金标准以保本微利为原则，按同区域同类住房市场指导租金标准的一定比例下浮。由市住房保障管理部门适时调整，报市房屋委员会批准后公布执行。
装修要求	新建公共租赁住房的装修按"经济环保原则"进行一次装修，享受公共租赁住房的家庭不得对住房进行二次装修和擅自改变原有使用功能和内部结构。

表 2—5 经济适用住房的部分规定

	经济适用住房的规定
申请人	（一）申请人及共同申请人均具有本市户籍。 （二）申请人与共同申请人之间有法定的赡养、抚养或扶养关系，包括申请人及配偶、子女、父母等。 （三）申请人及共同申请人不拥有任何自有形式的住房和建房用地。 （四）申请人及共同申请人在本市及户籍迁入本市前在国内其他城市未购买过政策性住房，未领取过未购房补差款；一定年限内未曾转让过自有形式的住房。 （五）家庭人均年可支配收入在提出申请前连续两年均低于本市低收入标准线。 （六）家庭总资产不超过一定限额。 （七）申请人及共同申请人没有违反国家计划生育政策。
建设标准	新建经济适用住房的户型以两房为主，单套建筑面积不得超过 60 平方米。
价格标准	基准价格由开发成本、税金和利润构成。开发成本中所包括的征地和拆迁补偿费按市场地价的 23% 计算。企业投资建设的经济适用住房利润不得高于 3%。政府直接组织建设的经济适用住房只能按成本价销售，不计利润。
装修要求	新建的经济适用住房一律按"经济环保"原则进行一次装修。在未取得全部产权的情况下不得进行二次装修。严禁擅自改变经济适用住房原有使用功能和内部结构。

表 2—6 廉租住房的部分规定

	廉租住房的规定
申请人	（一）享受市民政部门核定的最低生活保障待遇； （二）不拥有任何自有形式的住房和建房用地。 （三）申请人及共同申请人均具有本市户籍且实际在本市居住； （四）申请人及共同申请人之间有法定的赡养、扶养或抚养关系。
配租标准	人均配租面积标准为 15 平方米，每户配租面积标准为 40 平方米，原则上不超过 45 平方米。 新开工的廉租住房单套建筑面积一律不超过 40 平方米。

续表

	廉租住房的规定
租金标准	廉租住房货币配租的租金补贴标准可以按照户籍所在辖区的市场指导租金标准确定。 廉租住房实物配租的租金标准由维修费和管理费构成，由市物价部门会同市住房保障管理部门、市财政部门制定，结合社会经济发展状况及城镇最低收入家庭经济承受能力的变化适时调整，并定期向社会公布。

资料来源：深圳市研究会整理。

深圳保障房三部《办法》中的若干规定，对深圳乃至全国的住房保障均产生了深远影响。

第一，公共租赁住房体系可考虑把低收入非户籍常住人口的住房纳入其中，且一部分公共租赁住房用来解决人才住房问题。

关于申请人的规定，《公共租赁住房管理暂行办法》《经济适用住房管理暂行办法》和《廉租住房保障管理办法》均提到随着保障水平的提高，对拥有住房但人均住房面积低于市政府规定的住房困难标准可视具体供求情况考虑将纳入住房保障范围。不同于《经济适用住房管理暂行办法》《廉租住房保障管理办法》，《公共租赁住房管理暂行办法》中还规定：家庭成员部分或全部为非深圳户籍的常住人口低收入住房困难家庭，可视其在深圳居住、缴纳社会保险和纳税情况，按年限逐步纳入公共租赁住房保障体系；在公共租赁住房中可安排适当比例的房源作为人才公寓或周转用房，解决从国内外引进的初、中级人才和行政事业单位新录用人员的住房需求，并制定相应的租金标准。这充分体现了公共租赁住房保障对象灵活的特点，也表明深圳市在住房保障体系构建之初即把非户籍人口和人才纳入了考虑范围，思虑深远。

第二，确立了公共租赁住房和经济适用住房申请审核的"三级审核、两级公示"制度。

借鉴厦门等地的经验，结合深圳市实际，《公共租赁住房管理暂行办法》和《经济适用住房管理暂行办法》确立了公共租赁住房和经济适用住房申请、审核的"三级审核、两级公示"制度，即采取街道办事处受理和初审、区建设（住宅）局复审、市国土房产局终审，全市、社区两次公示的方式，严格审查核实申请家庭的人口、收入、资产、住房等。开创了全国保障房申请分配"最严审查"的先河（见表2—7）。

表 2—7   "三级审核"内容表

审查级别	审查机构	审查内容
初审	街道办事处或社区工作站	对申请材料进行初审，并通过入户调查、邻里访问等方式对申请家庭的户籍、人口、收入、资产、住房和建房用地等情况进行调查。
复审	区住房保障管理部门	审查申请人及共同申请人在本区购租政策性住房情况，并会同区民政部门对低收入家庭的资格、重点优抚对象等情况进行核查。
终审	市住房保障管理部门	在市公安、民政、国土房产、劳动保障、地税以及金融办、信息办、人民银行、银监局、证监局和保监局等职能部门的协助下，通过查档取证、信函索证等方式对申请家庭的户籍、人口、收入、资产、住房和建房用地等进行审核。

数据来源：深圳市住房研究会整理。

　　虽然史上"最严审查"因深圳保障房申请"零资产、负资产"和桃源村三期"豪车门"等事件广为诟病，但也为"十二五"期间深圳总结教训，推行"诚信申报、轮候分配"和保障房申请分配和管理深化改革奠定了基础。

　　第三，对骗租、骗购行为制定了相应惩罚措施。

　　这三个办法还对骗租、骗购行为制定了相应的惩罚措施，如《公共租赁住房管理暂行办法》对虚报、隐瞒户籍、家庭人口、收入、资产及住房等情况或者伪造有关证明取得公共租赁住房的，由市（区）住房保障管理部门与承租人解除租赁合同，收回其承租的公共租赁住房，责令其按同区域同类住房的市场商品房指导租金补交房租，并载入其个人诚信不良记录，五年内不得申请住房保障。2010年《深圳市保障性住房条例》修订即充分吸收了上述有关规定，从而推出了全国最严惩处的住房保障地方法规。

第四，对经济适用住房制定了较详细的产权管理方案。

由于经济适用房是出售的保障性住房，国家的政策优惠导致了其价格远低于市场价，从产权上来说其产权应该有一部分属于国家，从市场行为上来说容易出现转售套利的可能。所以《经济适用住房管理暂行办法》用了专门一章来规定经济适用住房的产权管理，其具体内容有：（1）经济适用住房在办理权属登记时，房地产权属登记部门应当在登记证书上分别加注"经济适用住房"字样和建设用地性质等内容；（2）自合同签订之日起未满5年的，经济适用住房买受人享有有限产权，期间经济适用住房不得出租、出售、赠予、抵押；（3）购买经济适用住房未满5年，因规定情况须退出的，由住房保障管理部门或原产权单位按照原价格并考虑折旧和物价水平等因素进行回购，实现经济适用住房的闭路循环；（4）购买经济适用住房满5年的，买受人可取得完全产权或转让经济适用住房，但应按照届时同地段、同类型普通商品住房与经济适用住房差价的一定比例向政府缴纳土地收益等价款，转让的经济适用房，政府可优先回购等。

（五）商品房配建政策性住房政策出台

2007年1月5日，深圳市政府发布了《关于在深圳市出让商品住宅用地中安排建设一定比例政策性住房的实施意见》（以下简称《实施意见》），要求在近期出让的商品住宅用地中安排建设一定比例的政策性住房，其中包括经济适用房、公共租赁住房。《实施意见》规定：由市国土资源和房产管理局选定部分拟出让的商品住宅用地，由获得商品住宅用地使用权的开发商负责在该商品住宅用地中建设一定比例的政策性住房。政策性住房竣工后，由开发商无偿将住房移交给深圳市国土资源和房产管理局。政策性住房总建筑面积按照选定的拟出让商品住宅用地中住宅建筑总面积的15%确定。

《实施意见》还对经济适用房和公共租赁住房的区位做出了具体规定：安排建设经济适用房的地块应为公共交通方便，临近特区二线关口，周边配套设施完善，人口比较密集；安排建设公共租赁住房的地块应为公共交通方便，临近大型工业园区或高新技术产业园区。上述规定，既涉及保障房市场化运作，也涉及保障房的配套。从历史的角度看，均具有相当的超前性和先进性。之后的深圳保障房市场化运作模式不仅成为全国的典范，也得到国务院领导的批示肯定。

（六）深圳住房保障"十一五"发展规划发布

2007年12月31日，市政府发布《深圳市住房保障发展规划（2006—2010）》，这是深圳市第一次专门就住房保障工作制定五年发展规划。此《规划》旨在为切实解决城市低收入家庭住房困难提供综合指导，要求在规划期限内，凡与住房保障工作相关的各项政策、计划，应与此规划相协调。该规划的总体目标是：力争到"十一五"期末，通过建设供应保障性住房（含经济适用住房、廉租住房、公共租赁住房）、提供租赁补贴（含货币配租和政府市场批租后转租给住房困难家庭住房），基本解决户籍低收入家庭的住房困难，采取有效措施不断改善非户籍常住低收入人口的住房条件。

根据《规划》，"十一五"期间，全市计划建设保障性住房14万套，建筑面积766.6万平方米。其中，建设经济适用住房2.6万套，建筑面积196.6万平方米；建设公共租赁住房（含廉租住房）11.4万套，建筑面积570万平方米。预计规划期内，还可将2.12万户非户籍家庭纳入深圳市住房保障范围（见表2—8、表2—9、表2—10、表2—11）。

表 2—8　　　　　2008—2010 年深圳市住房保障资金规划表

单位：亿元

165.52	保障性住房建设资金	分项资金需求	资金来源	安排用于保障性住房建设的专项资金	52.45
0.92	租赁补贴			土地出让净收益中以不低于10%的比例安排	11.06
3.06	保障性住房维修和管理等资金			住房公积金增值收益中扣除计提住房公积金贷款风险准备金、管理费用等费用后的余额	0.5
169.5	合计			租售保障性住房及其配套设施回收的资金	30.54
79.81	2008	年度资金需求		通过投融资方式改革纳入保障性住房建设的社会资金	70.67
58.45	2009			其他资金	0.3
31.25	2010				

资料来源：深圳市住房研究会整理。

同时，规划要求进一步推进住房保障立法工作，加快推进《深圳市住房公积金制度改革方案》工作，扩大住房公积金在住房保障中的重要作用，启动住房公积金立法工作，全面推进出台《深圳市住房保障条例》，逐步完善住房保障法规规章政策体系。

表 2—9　　　　　2008—2010 年深圳市住房保障资金规划表

单位：亿元

年度　　类型	经济适用房	公共租赁住房（含廉租住房）	合计
2008	0.1	0.4	0.5
2009	0.13	0.23	0.36
2010	0.12	0.12	0.24
合计	0.35	0.75	1.1

资料来源：深圳市住房研究会整理。

表 2—10　　2008—2010 年深圳市保障性住房建设年度指引表

类型 年度	经济适用房		公共租赁住房 (含廉租住房)		合计	
	套数 (万套)	面积 (万平方米)	套数 (万套)	面积 (万平方米)	套数 (万套)	面积 (万平方米)
2008	0.78	38.4	3.8	190	4.58	228.4
2009	0.58	31.9	2.8	140	3.38	171.9
2010	0.34	18.7	1.42	71	1.76	89.7
合计	1.7	89	8.02	401	9.72	490

资料来源：深圳市住房研究会整理。

表 2—11　　2008—2010 年深圳市保障性住房建设渠道指引表

类型	建设渠道	数量（万套）
经济适用房	政府直接安排建设为主	1.71
公共租赁住房 （含廉租住房）	政府直接安排建设（含地铁上盖物业安排建设 2 万套）	2.92
	鼓励企业投资建设（含房地产开发企业建设及采取建设、运营、转移方式参与）	0.5
	在部分出让的商品住宅用地上按一定比例配套建设	0.22
	在旧城旧区旧村改造中按一定比例配套计划建设	0.69
	利用符合规划调整原则的待建土地建设	1.98
	各类产业园区建设中相关企业集中配套建设	1.2
	其他方式筹集	0.52

资料来源：深圳市住房研究会整理。

根据该规划，规划期内深圳市住房保障应继续贯彻"以租为主、租售并举"的原则，确定合理的租售比例，适量出售经济适用住房，周转建设资金，微利部分用于补贴租赁保障性住房。在发布《深圳市住房保障发展规划（2006—2010）》后，深圳 2008 年又首次制订发布《深圳市住房保障 2008 年度计划》。

2007—2009 年是深圳住房保障体系基本形成的重要阶段。经过持续不断的努力，"十一五"期末深圳基本形成了以户籍低收入家庭为主要保障对象，廉租房、公共租赁住房和经济适用房相互补充的分层次、立体覆盖的住房保障体系。

三　"十一五"深圳住房保障改革成效

（一）2007 年主要工作及成效

2007 年，目标：《深圳市政府工作报告》要求"新增政策性住房用地 60 万平方米，开工、在建 2.5 万套经济适用房和公共租赁房，年内可用于出售和租赁的不少于 6000 套"。

当年开工、在建保障房项目 24 个，计 2.82 万套。包括：以前年度续建项目 11 个，0.47 万套，新建项目 13 个，2.35 万套。

以批租等方式筹集保障房 0.29 万套，保障房项目竣工 0.49 万套。面向社会低收入家庭供应分配保障房 6006 套。开工建设和供应分配双双超额完成《深圳市政府工作报告》设立目标。

（二）2008 年主要工作及成效

2008 年，为了妥善解决符合 2007 年购租保障性住房条件但未选房家庭的住房困难，面向社会低收入家庭提供保障性住房共 2726 套。连续两年，共面向社会低收入家庭供应保障房 8732 套（见表 2—12）。

表 2—12　　　　　　2008 年保障性住房房源信息表

	合计	市本级	福田区	罗湖区	南山区	盐田区	宝安区	龙岗区
经济适用房	2209	1203	1000	／	6	／	／	／
公共租赁住房	517	／	79	30	48	／	228	132
合计	2726	1203	1079	30	54	／	228	132

资料来源：深圳市住房研究会整理。

（三）2009 年主要工作及成效

2009 年，完成 2008 年开始的保障性住房租售工作，启动了第二批保障性住房申请的受理。此外，落实高层次人才住房服务政策，受理了 319 名高层次专业人才住房补贴申请。

"十一五"深圳住房保障虽起步仓促，但力度是空前的。无论是市政府民生实事的 6006 套的诺言兑现，还是后续推出的政策法规，以及发布的住房保障规划、计划，在全国范围看堪称前列。尤其是保障房两次大规模集中配租配售，在社会上引起的反响是巨大的。可以说，深圳住房保障虽然出现了这样或那样的问题，但住房保障的开局是精彩的，气势是恢宏的，为"十二五"住房保障继续推进和深化改革奠定了良好的基础（见图 2—3）。

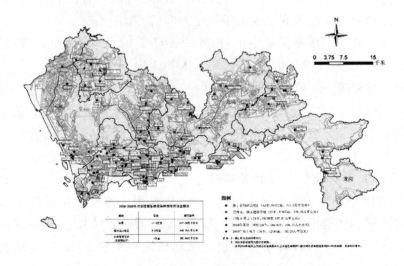

图 2—3　2008—2009 年保障性住房项目建设现状

四　回望与反思

（一）制度衔接与"遗留问题"

"十一五"是深圳房改与住房保障并存与转换的时期。当深圳还沉浸于房改带来的巨大"喜悦"时，2004 年机构调整，原深圳市住宅局撤销，相关职能并入深圳市国土资源和房产管理局。2007年，国家要求全面开展面对低收入家庭的住房保障工作。骤然间，房改政策与住房保障政策如何接轨过渡成为无法回避的问题。由于两种制度法规规制的对象、原则和方法存在较大差异，不可避免地会产生诸多"历史遗留问题"，如，面向党政机关事业单位职工的福利周转房、面向社会微利周转房和公租房的分配对象、条件和租金价格均存在较大差异，政策性住房和保障房"双轨并行"以及历史遗留的政策性住房的"封闭管理、内部分配"等带来的社会公平问题始终未能妥善解决，时至今日依然为社会所诟病。

（二）认识不足与"偏差误区"

当住房保障以"排山倒海"之势降临时，深圳无论是政府、社会和群众均准备不足。2004年的机构改革，撤销原深圳市住宅局，设立国土资源和房产管理局，虽然有种种合理根据和理由，在后来推进住房保障方面也在调动行政资源、强化工作力度方面起到了巨大的积极作用，但就机构的专业性、房改和住房保障的衔接方面还值得商榷。政府主管部门政策的把握和理解也存在一定的"偏差"，如2007年市政府提出供应分配6000套保障房，原来计算中是包括深圳"侨香村和深云村"，但很快发现政策上存在障碍难以计入，导致数量上存在巨大缺口。也正是这种"失误"，推动政府创新改革，如，深圳在全国首创"公共租赁住房"；首创面向社会以市场价批租存量住房，然后以保障房租金价格分配给低收入住房困难家庭，开拓了保障房盘活社会存量住房的新渠道。同样，该时期群众对住房保障的理解也是模糊不清的，认为"越穷越光荣""越穷政府越保障"，甚至家庭财产申报时为"零资产、负资产"等。

（三）临渴掘井与"失误走形"

客观而言，深圳住房保障"十一五"是不完整的。

一是时间上的"不完整"，深圳的住房保障大规模开展是在2007年，规划期则是2006—2010年，实际上是"先工作后规划"。不免有"亡羊补牢"之嫌。二是工作的开展主要集中于规划后三年，而且是密集推进。当然，这其中主要原因是中央和省里的要求，是"红头文件"和"规定动作"。但情急之下难免"失误"和"走形"，如，深圳是继厦门之后全国第二个出台住房保障地方性法规的城市，也正是深圳创下了条例出台后 8 个月修改的全国先河。再如，政府批租社会住房转租给低收入家庭，租金是"保障价"，但物业管理费却是市场价，导致部分群众存在意见，实施效果有所折扣。

（四）知行合一与"任重道远"

"十一五"期间，深圳保障房建设呈现的项目"落地难"，开工率、竣工率低等问题日益突出。通观"十一五"，深圳安排筹集建设各类政策性保障性住房项目共 151 个，拟建各类保障性住房约 16.9 万套，总建筑面积约 1267 万平方米，计划总投资近 500 亿元。实际执行结果是，全市竣工保障性住房约 2 万套，总建筑面积约 215 万平方米，套数竣工率约为 12%；开工保障性住房 7.9 万套，开工套数（含已竣工）率约 60%。处于前期阶段保障性住房 7 万套，约占总套数的 40%。

这其中原因是多方面的，既有认识问题、管理要素，也有政策障碍和现实困难。如保障性住房项目选址要求交通便利、基础配套到位，但实际操作中，选址较为困难，部分安排的项目用地存在违法建筑、临时建筑以及权属争议、被非法占用等问题。简言之，"十一五"深圳基本解决了 2007 年户籍低收入家庭住房困难，成绩是巨大的。但对未来"十二五"深圳住房保障影响是深远的，住房保障如何突破这一"怪圈"，也为未来改革留下伏笔。

五　历史瞬间

（一）2007 年 10 月 19 日，深圳市人大常委会视察组视察政府建设政策性住房情况

此前，市人大常委会将《关于进一步加快公共租赁住房和经济适用房建设缓解低收入家庭住房困难问题的建议》作为重点建议交由市政府办理，市政府对此高度重视，制订了办理方案。方案提出，2007 年提供不少于 6000 套的经济适用房、公共租赁住房和廉租房。

视察组视察了东明花园，这是南山区政府通过没收违法建筑进行改造建设的公共租赁住房和高级人才公寓。市人大常委会领导和人大代表认为，这是查处违法建筑的一个突破，值得推广。

深圳市副市长吕锐锋在陪同视察时表示，为了解决低收入家庭住房问题，市政府正考虑建立长效机制。

图 2—4 市人大常委会视察组视察座谈会现场

（二）2007 年 11 月 11 日，深圳市政府向建设部齐骥副部长汇报深圳市落实国务院 24 号文件情况

2007 年 11 月 11 日上午，广东省建设厅、广州市和深圳市政府分别向建设部副部长齐骥一行汇报了省、市贯彻落实国务院 24 号文件情况。

深圳市副市长吕锐锋在汇报深圳市贯彻落实 24 号文件精神时表示，深圳市政府将把住房等民生问题作为头等大事来抓，加快住房保障体系建设，解决普通市民尤其是困难群众、低收入家庭的住房困难。深圳主要是从六个方面解决低收入家庭住房困难问题的：一是加快深圳市住房保障政策法规建设，进一步完善住房保障制度体系；二是加大保障性住房建设力度，积极落实"十件民生实事"；三是多渠道增加廉租住房和公共租赁供应规模，逐步改善其他住房困难群体的居住条件；四是开展户籍家庭住房困难普查工作，规范住房保障信息管理；五是着力完善配套政策和工作机制，进一步促进全市住房保障工作，有效解决低收入家庭住房问题；六是继续做好房地产宏观调控工作，促进房地产市场稳定健康发展。

（三）2007年12月25日，深圳市国土资源和房产管理局发布《关于保障性住房租售的通告》

深圳市国土资源和房产管理局发布《关于保障性住房租售的通告》，宣布将于2008年1月起开始受理2007年提供的廉租住房、公共租赁住房和经济适用住房的租售申请，共提供房源6006套。（见表2—13）这是此阶段深圳市进行的首轮保障性住房配租配售。所以此次保障性住房分配工作既起着完成2007年住房保障工作任务，解决部分家庭住房困难的作用，也是对新的住房保障工作机制的探索和验证，以获得进一步完善。

表2—13　　　　　　　　2007年保障性住房房源信息表

	合计	市本级	福田区	罗湖区	南山区	盐田区	宝安区	龙岗区
经济适用房	3142	2872	/	/	131	139	/	/
公共租赁住房	2730	300	550	53	490	/	669	668
廉租住房	134	100	/	/	/	34	/	/
合计	6006	3272	550	53	621	173	669	668

通告中首次规定对申请家庭的资格采取"三级审核，两次公示"的方式进行审核，即街道办事处受理和初审、区建设（住宅）局复审、市国土房产局终审，全市、社区两次公示，严格审查核实申请家庭的人口、收入、资产、住房等情况。本次分配的选房采取符合申请条件的家庭以计分排队方式，按分数高低顺序选房的办法（见图2—5）。

五、选房办法

经审查符合申请条件的家庭以计分排队方式，按分数高低顺序选房。分数相同的按申请人户籍迁入日期排队，日期相同的抽签确定选房顺序。具体计分办法如下：

（一）申请人户籍自迁入本市当月起每月1分。

（二）申请人户籍迁入本市时不满18周岁的，其迁入时间从年满18周岁当月算起；成立深圳经济特区前迁入的，迁入时间从1980年6月算起。

（三）申请人服役前或到外地读书前户籍已在本市的，其户籍迁入时间可连续计算。

（四）计分截止时间为2007年12月31日。

（五）加分条件：申请人及共同申请人中有重点优抚对象、一级残疾人的，增加24分；二级残疾人，增加18分；三级残疾人，增加12分。申请人及共同申请人中有多人符合加分条件的，可累计加分。

图2—5 2007年《关于保障性住房租售的通告》中的选房办法

（四）2007年12月31日，深圳市发布《深圳市住房保障发展规划（2006—2010）》

这是深圳市第一次专门就住房保障工作制定五年发展规划。此《规划》旨在为切实解决城市低收入家庭住房困难提供综合指导，要求在规划期限内，凡与住房保障工作相关的各项政策、计划，应与此规划相协调。该规划的总体目标是：力争到"十一五"期末，通过建设供应保障性住房（含经济适用住房、廉租住房、公共租赁住房）、提供租赁补贴（含货币配租和政府转租住房），基本解决户籍低收入家庭的住房困难，采取有效措施不断改善非户籍常住低收入人口的住房条件。

根据该规划，"十一五"期间，全市计划建设保障性住房14万套，建筑面积766.6万平方米。其中，建设经济适用住房2.6万套，建筑面积196.6万平方米；建设公共租赁住房（含廉租住房）11.4万套，建筑面积570万平方米。预计规划期内，还可将2.12万户非户籍家庭纳入深圳市住房保障范围。

该规划要求不断完善住房保障制度，配合《关于进一步促进深圳市住房保障工作的若干意见》的实施，制定《深圳市廉租住房保障管理办法》《深圳市公共租赁住房管理暂行办法》《深圳市经济适用住房管理暂行办法》以及《深圳市住房公积金制度改革方案》等一系列政策规章文件。进一步推进住房保障立法工作，推进出台《深圳市住房保障条例》；扩大住房公积金在住房保障中的重要作用，启动住房公积金立法工作，逐步完善住房保障法规规章政策体系。

根据该规划，规划期内深圳市住房保障应继续贯彻"以租为主、租售并举"的原则，确定合理的租售比例，适量出售经济适用住房，周转建设资金，微利部分用于补贴租赁保障性住房。

在发布《深圳市住房保障发展规划（2006—2010）》后，深圳市在 2008 年又首次制订了住房保障年度计划——《深圳市住房保障2008 年度计划》。

（五）2008 年 2 月 26 日，深圳市国土资源和房产管理局郭仁忠勘察保障性住房用地现场

深圳市国土资源和房产管理局副局长郭仁忠对深圳市 2008 年 50万平方米保障性住房预选址用地及部分 2007 年用地进行现场勘察。先后勘察了横岗、塘朗、前海湾、蛇口西四个地铁车辆段的上盖保障性住房项目用地现场。上述四个车辆段和上水径停车场等 5 个地铁上盖物业的开发中均计划配建一定比例的保障性住房，预计能提供该类住房约 23040 套。

借鉴香港轨道交通建设和运营成功经验，尝试在地铁段站上加盖物业，建设保障性住房，集约利用土地，是深圳市积极创新、多渠道破解保障性住房建设土地"瓶颈"难题的重要举措。

（六）2008 年 4 月 8 日，住建部副部长陈大卫考察深圳市住房保障工作

陈大卫副部长评价了深圳市住房保障工作的推进情况，认为深圳市的住房保障工作取得了显著的成效，确实体现了政府关注民生，为满足广大群众"住有所居"需求采取有力措施的务实态度。

（七）2008 年 5 月 21 日，深圳市政府与市各直属部门及各区政府签订《深圳市 2008 年度保障性住房建设责任书》

深圳市政府在市民中心举行深圳市 2008 年度保障性住房建设责任书签订仪式。分别与市发改局、财政局、国土房产局、规划局、

建筑工务署和六区、光明新区、大工业区负责人签订了《深圳市
2008 年度保障性住房建设责任书》，进一步明确各区、各部门的责
任和目标要求，确保完成全年保障性住房的建设任务。

深圳市政府专门就住房保障建设与各区政府、各有关部门签订
责任书，是为了通过量化目标，细化任务，具体化措施的方式把住
房保障工作落到实处，全力推进保障性住房建设，切实解决低收入
家庭住房保障问题。

**（八）2008 年 6 月 29 日，2007 年保障性住房分配终审"九查九
核"结束**

深圳市国土资源与房产管理局发布《关于保障性住房租售终榜
公布及选房有关事项的通告》，这意味着 2007 年保障性住房分配工
作终审环节结束，进入选房阶段。2007 年保障性住房的租售申请的
受理于 2008 年 1 月 14 日开始，至 2 月 22 日结束。其后按照统一的
工作部署安排，初审合格家庭的基本情况于 2008 年 2 月 27 日至 3
月 2 日，在全市各街道办事处、社区进行了公示。3 月 3 日至 19 日
期间，各区建设（住宅）局完成了对申请家庭资格的复审工作。随
后该工作进入终审阶段。（见图 2—6）

图 2—6　各街道、社区公示申请保障性住房租售
初审合格家庭基本情况

（九）2008 年 12 月 3 日，深圳市住宅发展事务中心正式挂牌成立

深圳市住宅发展事务中心受市国土资源和房产管理局的委托，主要负责市本级保障性住房和政策性住房项目的前期事务性工作，具体包括：负责具体落实全市政策性住房和保障性住房的建设规划和计划；负责市本级政策性住房和保障性住房项目前期工作中的事务性工作，参与建设过程的重大事项处理、工程竣工验收和结算审计等事务性工作；负责市本级保障性、政策性住房及公建配套设施的房源交接和产权初始登记申报等事务性工作；负责组织开展市本级政策性住房和保障性住房的旧村改造、拆除重建、危房加固及其他重大维修等事务性工作；负责在市本级保障性住房和政策性住房项目中推进和实施住宅产业化工作；负责非政府直接组织建设渠道的市本级保障性住房和政策性住房的具体谈判、项目进度监督，组织验收、接收和移交等工作。（见图 2—7）

图 2—7　深圳市住宅发展事务中心挂牌仪式现场

（十）2009 年 1 月 1 日，深圳市首个全装修、无障碍式保障性住房项目竣工

深圳市第一个全装修、无障碍式保障性住房项目——桃源村三

期经济适用住房举行竣工移交暨入住仪式。（见图2—8）桃源村三期经济适用住房是深圳市为落实市委、市政府2007年"十件民生实事"承诺，为解决低收入家庭住房困难而建设的首个经济适用住房居住区，也是深圳市首个一次性装修、无障碍式的保障性住房项目。桃源村三期经济适用房项目计划总投资为8.2亿元，占地总面积约9万平方米，总建筑面积约为32.2万平方米，共有32—35层的高层住宅12栋，总计为2760套，小区的外墙、公共部分及住宅室内均实行一次性装修。同时，小区内全面安装了无障碍化设施，方便残疾人的起居出行。

图2—8　桃源村三期经济适用住房竣工移交暨入住仪式现场

（十一）2009年1月23日，桃源村三期"质量门"事件爆发并持续发酵

深圳市桃源村三期是深圳市首个经济适用房项目，工程于2006年8月8日开工，2008年12月底竣工，2009年元旦交付使用。业主入住不到半个月后，就发现房屋出现墙根渗水、墙面开裂、水龙头等所用材料质量差、货不对板等一系列问题。面对房屋出现的质量问题，桃源村三期业主情绪激烈，媒体大面积曝光。2月15日中午，千余名业主围在桃源村三期小区广场，声讨工程质量和开发商货不对板问题，引起了社会的广泛关注。

　　桃源村三期经适房质量问题曝光后，市政府成立了桃源村三期现场工作组，研究处理业主投诉及有关维修、补偿等问题。市政府副秘书长黄锦奎多次召集相关部门与业主代表召开对话会，副市长吕锐锋与业主代表座谈，表示对该事件要实行最严厉的问责。随后，对于偷工减料的施工单位，玩忽职守的设计单位、监理单位，分别进行了责任追究，对5家施工单位共处以罚款260多万元；对本市建筑设计研究总院等单位给予全市通报批评。同时，暂停上述5家施工单位和一家监理单位的工程投标资格3个月。对涉及的行政机关相关责任人也分别进行了处分。

（十二）2009年7月31日至8月1日，住建部住房保障法起草工作座谈会在深圳召开

　　住建部住房保障法起草工作第二次专家座谈会在深圳召开。（见图2—9）住建部住房保障司司长侯淅珉，法规司司长曹金彪，全国人大法制委员会、国务院法制办、民政部、人民银行，清华大学、武汉大学、华中科技大学，湖北省房改研究会、四川省社会科学院、中国房地产研究会，及北京、上海、广州、厦门、深圳的住房保障主管部门负责人等40多位专家学者出席了会议。

图2—9　住房保障法起草工作第二次专家座谈会现场

第三章

风起云涌　深圳住房保障改革再启

2010—2015 年，横跨了深圳住房保障的"十二五"规划期。在住房保障领域，深圳持续推出了"诚信申报、轮候分配"、住房保障和人才安居"资源共享、齐头并进"等多项改革，基本形成了具有鲜明深圳特色的住房保障体系。深圳的各项改革在开全国之先河，推动住房保障升级转型的同时，也引起了巨大争议，引爆了多个"舆情危机"。在政策性住房领域，住房保障、历史遗留政策性住房分配、机关事业单位住房货币补贴等均是"箭在弦上，不得不发"。社会群体上访、部分机关事业单位职工上访，一时间，矛盾交集、抉择艰难的事件纷至沓来。上层关注、社会关注、舆论关注，"十二五"的深圳注定是"多事之秋"。

一　"十二五"深圳住房保障的五个基本判断

判断一：

"十一五"期末，政策法规上，面向低收入家庭的《深圳市公共租赁住房管理暂行办法》《深圳市经济适用住房管理暂行办法》《深圳市廉租住房保障管理办法》及其配套文件等政策法规基本形成。深圳市住房保障发展规划（2006—2010）及年度计划稳步推进。自2005 年起，深圳连续多年对"双特困"家庭实现了应保尽保，2007年以前取得户籍的低收入家庭也基本实现了应保尽保，加上在建的尚未租售的保障性住房，市政府《关于进一步促进我市住房保障工作的若干意见》（深府〔2007〕262 号）提出的力争到"十一五"

期末基本解决户籍低收入家庭住房困难的目标已基本实现，深圳住房保障各项工作已经取得阶段性成果。

自 2003 年以来，全国的房地产市场呈现快速增长的态势。国家和地方虽屡屡出台房地产调控措施，但收效甚微。这其中，既有市场供求和市场投机炒作因素，也有土地供应体制障碍以及土地财政等多重制度性、体制性问题。"房价调不动，群众伤不起"，短期内难以根本扭转。深圳作为一线城市，房地产市场机制相对健全，市场运行相对稳健，但由于经济快速发展，人口流动大和毗邻香港等因素综合作用，未来深圳市场商品房房价依然处于快速增长通道（见表 3—1）。

表 3—1   2005—2009 年深圳商品房售价与平均工资表

项目 年份	A 商品房销售均价 （元/平方米）	B 平均工资（元/月）	100B/A 购房能力
2005	7040	2706	38.44
2006	9230	2926	31.70
2007	13370	3233	24.18
2008	12794	3621	28.30
2009	14858	3894	26.21

资料来源：深圳市统计局和深圳市人力资源和社会保障局数据。

当前突出的问题是，部分家庭虽不属于低收入家庭，但也无力通过购买商品房解决住房问题。在商品房和保障房之间已经形成新的社会"夹心层"（即既买不起市场商品房，也无法享受保障房）。而且，随着未来房价的攀升，这一群体将逐步加大。如无有效措施，势必影响深圳社会稳定、影响共享深圳改革开放成果，影响深圳可持续发展。

——要解决这部分群体的住房困难，就必须扩大住房保障范围，探索新的住房保障路径。

判断二：

根据"高房价对大学生选择就业地的调查报告"显示，全国范围超过65%的被调查对象认为自己理想工作城市的房价水平高，甚至达到了难以承受的地步，毕业后愿意选择在北上广工作的学生比例为16.14%，有40%的毕业生选择在二三线城市就业，同时，对于不愿意留在一线城市工作的毕业生来说，房价太高成为首要因素，影响重要性达67.71%。深圳市人力资源和社会保障统计公报数据显示，2008—2009年深圳市引进人才数量分别为6.94万人和6.27万人，结合深圳市各行业重点企业申报的企业人才住房情况来看，截至2009年年底，深圳市人才住房需求高达29.50万套（见图3—1）。

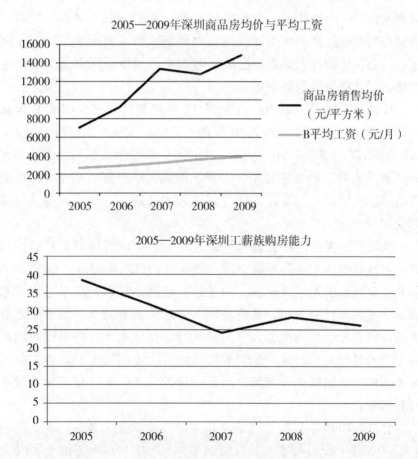

图3—1 2005—2009年深圳商品房均价与购房能力

资料来源：深圳市住房研究会整理。

——"十二五"期间，随着深圳房地产价格进一步走高，必将导致部分人才，尤其是新毕业大学生以及新引进高中初级人才形成新的住房困难群体，而且这一群体与社会住房困难群体叠加，将进一步加大深圳住房保障的压力。

判断三：

2008年国务院出台的《珠江三角洲地区改革发展规划（2008—2020）》中，首次从国家层面明确了深圳"一区四市"的战略定位，即"国家综合配套改革试验区""全国经济中心城市""国家创新型城市""中国特色社会主义示范市"和"国际化城市"。其中，特别在构建现代产业体系和提高自主创新能力方面赋予了深圳重要任务，如提出把深圳建设为区域金融中心、加快深圳高新技术产业带建设和建设深港创新圈等。

从自身发展看，深圳经济经过30年的高速发展，GDP总量从1979年的1.96亿元，到2009年的8201.23亿元，30年间增长了4183倍，年均增长率26.81%。"十一五"中后期，深圳已经基本完成"腾笼换鸟"和经济转型，实现了四大支柱产业引领经济发展的新格局。吸引人才、留住人才，打造人才高地，是深圳可持续发展的关键。

纵观其他城市，在引进和留住人才上，城市间特别是经济发达的一二线城市间始终是一场"没有硝烟"的激烈争夺战。根据2009年8月深圳市委组织部牵头，对上海、杭州、厦门、广州等地实地调研、考察和研究表明，这些城市人才政策各有特点，侧重点各有不同，但通过一系列配套政策引进人才、留住人才，进而提高城市竞争力的目标是相同的，多个城市出台了人才住房配套政策，存量人才的住房问题基本得到解决，新一轮的人才住房计划正在加紧制订和落实。

北京，2009年启动了《北京市海外人才聚集工程》，2010年制定了《首都中长期人才发展规划纲要》；上海，2006年出台了《上海市领军人才队伍建设实施办法》，2010年制定了《上海市中长期人才发展规划纲要》；广州，2008年出台了《关于鼓励海外高层次人才来穗创业和工作的办法》，其后又制定了多项细则和配套政策；杭州，2005 年出台了《加强高层次人才引进工作的若干意见》，2010 年又制订了《521 计划》。此外，苏州、无锡等城市也有各自人才政策出台。

检讨深圳人才政策，存在两个方面的问题，一是正如深圳社科院杨立勋教授所总结的六大问题："人才存量不足、人才密度偏小、人才增量不足、高级人才不多、人才结构不合理、人才自我生产能力弱和自给率低。"二是既有政策更多的是面向门槛较高的高层次专业人才，忽略了高中初级人才，如刚参加工作的大学生、专业技术人员、初级公务员等群体。

——破解人才"困局"，实现"引得进、留得住"，深圳的人才安居政策势在必行，且须"分层施策"，即根据不同人才群体特点，精准实施不同的政策。

链接：

就政策角度而言，早在 2000 年，深圳市已正式把人才住房优惠政策写入相关规范性文件，深圳市政府《关于鼓励出国留学人员来深创业的若干规定》中规定："留学回国人员在办理完本人、配偶的落户手续后，即可向市住宅局申请购买一套微利商品房。"2008 年 9 月，深圳出台第一部专门系统解决人才住房问题的法规《深圳市高层次专业人才住房解决办法》（深府〔2008〕204 号）。

判断四：

根据深圳市土地利用总体规划（2006—2020），规划期末建设用地规模为 976 平方公里。按照目前的供地规模和速度，2020 年规划期末剩余可用建设用地仅有 8 平方公里。因此，未来深圳土地供应不断减少、土地供应难以为继的趋势短期内难以扭转，土地供应必须转向存量挖潜。趋势上看，城市更新将是深圳土地和房屋供应的主力军。而根据深圳城市更新专项规划，2020 年年底城市更新供应总规模为35平方公里，年均供应2—2.5平方公里（见表3—2）。

从深圳实际操作看，城市更新虽有相当成效，但步履蹒跚、进展缓慢。究其原因，一是制度法规上的短板与制约，如深圳城市更新办法法规层级底，与其他法规的衔接存在一定的问题；二是操作难度大，如城市更新办法要求更新项目"业主和产权双三分之二"表决机制，而且实际操作中，为避免纠纷和维稳，更新单元和项目多采用业主"百分百表决通过"等，更增加了城市更新的难度。

——深圳土地供应偏紧，城市更新速度慢、周期长，保障房项目落地难已成当前常态。保障房建设必须向存量土地挖潜，向城市更新挖潜，向市场挖潜。

表3—2　　　　　2011—2015 年深圳土地市场供应情况

年份	总面积	同比	城市更新面积	招拍挂面积	城市更新占比	招拍挂占比
2011	775.2	——	487	288.2	63%	37%
2012	700.6	-9.6%	496.7	203.9	71%	29%
2013	283.2	-59.6%	163.4	119.8	58%	42%
2014	518.9	83.2%	365	153.9	70%	30%
2015 上半年	251.1	-13.8%	205.1	46	82%	18%

资料来源：深圳市规划和国土资源委员会。

判断五：

"十一五"期间，深圳采用"租售补"相结合，基本解决了户籍"双特困"和低收入住房困难群体。但在大规模开展住房保障的同时，也暴露出诸多问题。其中媒体曝出的桃源村三期"质量门"和随后曝出的"豪车门"事件以及"退房风波"当为"十一五"深圳保障房建设、分配和管理存在问题的典型。

桃源村三期，是深圳"十一五"期间交付使用的大型保障房项目。该项目从立项、设计、施工到验收各环节均是政府相关部门负责，之所以出现"质量门"事件，客观而言，既有管理上的失职、渎职和腐败，也有政府工程建设管理体制机制问题，如政府工程的低价中标、层层转包等。前者可以以党纪国法惩戒约束，而后者的成因则极为复杂，其制度弊端和问题非单项或几项改革即可杜绝。这其中的政策法规、管理规制，既涉及国家、省级层面，也涉及地方；既涉及建设领域，也涉及财政招投标体制。点多面广，牵一发而动全身，短期内难以一蹴而就。正所谓"理想很丰满，现实很骨感"。而且桃源村"质量门"事件并非空前绝后，"十二五"期间媒体再曝的深圳"中海阅景花园质量门"可谓是其"姊妹篇"。

桃源村三期的"豪车门"事件，则直指保障房申请分配管理体制机制。"十一五"期间，深圳的保障房分配采用的是"九查九核""三级审查"和"两次公示"，程序之复杂，标准之严格居全国首位。但何以"风起云涌"？表面看，是行政资源不足，公职人员责任心和专业能力不够，甚至徇私舞弊等，但究其根本，是保障房分配观念陈旧、模式落后，是科学管理与公平效率问题。其实，早在保障房申请之初已经曝出了申请家庭"零资产、负资产"申报问题，"名虽不同而理相似"。

桃源村"质量门""豪车门"事件以及"退房风波"，影响深远、教训深刻。既给深圳敲响了警钟，给全国树立了负面榜样，也为深圳住房保障的反思和深化改革开启奠定了基础。

——深圳住房保障、人才安居工作以及保障房建设、分配和管理体制机制，必须全面创新改革。

二　"十二五"深圳住房保障改革路线图

回首"十二五"，"改革创新"几乎是深圳住房保障的主题词。创新改革的核心动因，是深圳住房保障面临问题与困难的倒逼，也是深圳理性反思和判断的必然。归纳"十二五"深圳住房保障创新改革路线如图3—2所示。

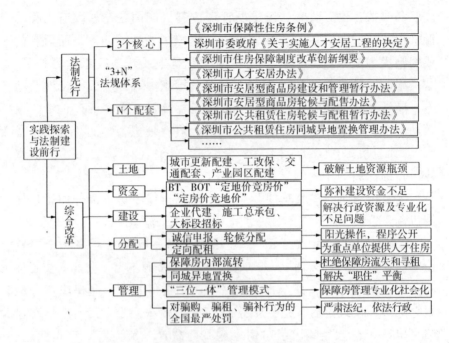

图3—2　深圳"十二五"住房保障改革路线图

资料来源：深圳市住房研究会整理。

（一）深圳市委市政府《关于实施人才安居工程的决定》

2010年5月，为配合人才立市战略，吸引人才、留住人才，全面推进住房保障改革。深圳市委市政府发布了《关于实施人才安居工程的决定》。《决定》要求从2010年开始，启动安居型商品房建设，城市更新项目配建不低于总建筑面积30%的安居型商品房。安居型商品房用作人才安居住房的比例不低于60%。同时还规定："十一五"期间安排建设的公共租赁住房，面向人才安排的比例不低于60%；"十二五"期间安排建设的公共租赁住房，面向人才安排的比例不低于80%。

（二）《深圳市保障性住房条例》

2010年6月，出台了《深圳市保障性住房条例》，《条例》把改善住房困难群体居住条件、促进社会和谐和经济健康稳定发展、提高城市竞争力作为立法宗旨，以政府主导、社会参与、分层次适度保障和循序渐进为立法原则，采取出租、出售保障性住房和货币补贴等多种方式为住房困难群体提供住房保障。《条例》创造性地把住房保障对象从中低收入家庭和单身居民扩及至深圳建设所需的各类专业人才，凡是政府认定的本市经济社会发展需要的各类专业人才都可享受住房保障。

（三）深圳安居型商品房和人才安居政策推出

2011年，深圳连续颁布了《深圳市安居型商品房建设和管理暂行办法》（228号令）和《深圳市人才安居暂行办法》（229号令），率先在全国创新推出安居型商品房新型保障房品种。在已有的限价商品房"定房价、竞地价"政策基础上，提出"定地价、竞房价"，以政府让利、招拍挂等市场化运作方式吸引社会资金参与保障房建设。同时，在深圳市人才"十百千万"工程试点和扩大试点基础上，从法制层面明确了深圳各级各类人才的住房补贴标准和方法。通过住房保障和人才安居资源共享，互为结合、互为促进，推动了深圳市住房保障升级转型。

（四）《深圳市住房保障制度改革创新纲要》

2012年，《深圳市住房保障制度改革创新纲要》出台。《纲要》在深圳住房保障建设、分配、管理等体制机制上有多个创新，明确提出减少直至停止经济适用住房建设与供应，以公共租赁住房和安居型商品房为住房保障的基本模式；建立保障性住房内部流转机制，实行内部循环、封闭运作；提出建立和完善"租售补"相结合的住房保障方式，探索租售转换机制；将保障范围从户籍住房困难家庭向非户籍住房困难人才家庭延伸；盘活存量住房和土地，多渠道解决土地资金瓶颈问题；创新建设模式，解决又好又快建设问题；引入市场力量，解决后续运营与监管问题等。

（五）《深圳市安居型商品房轮候与配售办法》

2013年，深圳迎来保障性住房竣工和分配的高峰期，在此形势下，深圳出台了《深圳市安居型商品房轮候与配售办法》（深建规〔2012〕10号），《办法》建立了高效、有序的安居型商品房配售机制，加快了安居型商品房配售，确保分配过程的公开阳光，提升配售过程和结果的公信力。同时，《办法》切实解决了大规模建设保障性住房所面临的需求不清、结构不明等现实问题，为实现保障房建设"以需定建"创造了条件，也为今后安居型商品房项目的销售奠定了良好的基础。

（六）《深圳市公共租赁住房置换管理办法（试行）》

2014年，为方便广大群众的公共租赁住房承租置换需求，深圳出台了《深圳市公共租赁住房置换管理办法（试行）》（深建字〔2014〕113号），《办法》旨在从源头上解决保障房违规转租、转借的顽疾，并综合考虑保障对象工作地与居住地奔波、小孩上学不便利等"职住不平衡"问题。《办法》明确规定，承租人在公平自愿的基础上，依法依规开展公共租赁住房的置换活动。充分体现住房保障政策人性化、"接地气"的设计，最大程度实现公租房的资源效用。

（七）修订人才安居相关政策法规

2015年，按照《中共深圳市委深圳市人民政府关于实施人才安居工程的决定》的要求，在广泛听取民意、集思广益，征求社会各方意见的基础上，深圳修改了《深圳市人才安居暂行办法》，出台了《深圳市人才安居办法》（政府令第273号）。《办法》规定，人才安居采取实物配置和货币补贴两种方式实施。实物配置包括免租金租住、产权赠予、租住公租房和购买安居型商品房等形式；货币补贴包括购房补贴和租房补贴等形式。人才分为杰出人才、领军人才、新引进人才等层面，并将新引进人才简化为深圳市接收的应届毕业生、新调入的在职人才、新引进的归国留学人员三个层级。（见表3—3）

表 3—3　　　　　　　　　深圳市人才安居工程保障方式一览

各类人才	实物供应	货币补贴
杰出人才	免租入住 200 平方米左右住房，在深圳工作居住满 10 年，赠予产权；做出特殊贡献的，在深工作居住满 5 年，赠予产权	——
领军人才	免租入住 3 年（国家级领军人才 150 平方米左右；地方级领军人才 100 平方米左右；后备级人才 80 平方米左右），轮候购买安居型商品房	购买市场商品房，按照享受面积标准按购房总价的 50% 提供购房补贴（购房单位以申请时市规划国土部门公布的上一年度市场普通商品住房平均价格计算），补贴由政府和用人单位分别承担 40% 和 10%。在深圳工作居住满 10 年，所购商品房产权可转让
高级人才	租住公共租赁住房，期限最长不超过 3 年，轮候购买安居型商品房	正高级为 2000 元/月，副高级为 1500 元/月、学士 200 元/月，享受租房补贴期限最长不超过 3 年

资料来源：深圳市住房研究会整理。

（八）"3+N"政策法规与多层次住房保障体系

通过一系列政策法规的创新改革，深圳基本形成以《深圳市保障性住房条例》《关于实施人才安居工程的决定》《深圳市住房保障制度改革创新纲要》3 个法规政策为核心，《深圳市安居型商品房轮候配售规则》等 20 余个政策法规为配套的"3+N"住房保障政策法规体系，涵盖住房保障建设、轮候、分配、管理、退出等各个环节，将保障性住房分配纳入了依法管理的轨道，推动了深圳市住房保障由"解困型"向"发展型"转变，并形成了独具深圳特色的"多渠道、分层次、广覆盖"住房保障体系。

"多渠道"——在加大政府投入基础上，充分利用社会力量，多途径、多方法有效破解住房保障中的资源瓶颈问题，如深圳"土地难以为继"、建设资金不足和行政管理资源有限等。实现了保障房建设土地供应多渠道、筹集资金多渠道、建设方式和分配管理多渠道。

"分层次"——针对不同收入和不同类别的群体，实物配置、货币补贴并用，"租售补"相结合，采取差异化政策，实施住房保障。民政部门认定的"双特困"家庭，连续多年实行"应保尽保"，保障的主要方式是货币补贴；户籍低收入家庭，主要配置经济适用房和公共租赁住房，或发放货币补贴；户籍中低收入家庭，主要是配置安居型商品房（包括公务员群体）；非户籍住房困难家庭，主要是配置产业园区配套宿舍和公租房；各级各类人才则既有货币补贴方式，也有实物配置。如户籍人才可申请安居型商品房，非户籍可领取人才住房补贴等。

"广覆盖"——通过多层次住房保障模式实施，深圳住房保障覆盖范围，从单纯保障低收入人群扩大到中低收入人群；从保障户籍家庭向非户籍住房困难家庭延伸；从社会群体进一步扩展到人才，推动了深圳住房保障转型发展，基本实现了深圳住房保障多个住房困难群体的广覆盖。

深圳的改革创新在全国范围引发了关注，借鉴深圳的安居型商品房经验，北京推出了"自住型商品房"。国家住建部专门来深调研，充分肯定深圳的改革创新。国务院发展研究中心赴深圳调研，并专件上报国务院。李克强总理、张高丽副总理等领导对深圳住房保障市场化机制给予了高度肯定并做出了重要批示。

三　"十二五"深圳住房保障改革成效

（一）"定地价、竞房价"建安居型商品房

针对户籍中低收入住房困难群体（包括"夹心层"）和人才住房困难群体，创造性推出具有商品房和保障房双重属性的安居型商品房面向上述群体发售。安居型商品房主要采取"定地价、竞房价"的方式出让土地，相对于"定房价、竞地价"，更加能够体现政府让"利"于民。"定地价、竞房价"即由政府根据评估地价和基准地价，确定土地出让价格（一般为市场评估价的30%），限定套型面积和产权限制期面向社会公开"招拍挂"，价低者得，全面负责开发建设和销售管理。这一模式一方面吸引了包括万科、中海

等知名企业的积极参与运作，缓解了政府住房保障的资金压力，也减轻了政府建设分配和管理压力；另一方面，安居型商品房售价控制在同地段、同类型商品房价格的 50%—70%，较好地实现了这一政策的目标。

（二）城市更新配建保障房

《深圳市城市更新项目保障性住房配建比例暂行规定》明确，城市更新住宅项目中预留 5%—30%（已统一修订为 12%）用作保障性住房建设，由政府回购。这种模式同新建商品房配建一样，有利于保障性住房的科学布局，拓宽了保障性住房的筹集渠道，集约、节约利用土地，充分利用了社会资源。深圳"十二五"期间，城市更新配建项目已有 120 个，累计建设保障性住房 4.5 万套。

（三）"工改保"建设保障房

鼓励企业利用自有土地建设保障性住房，积极推进"工改保"项目，即在符合城市规划原则下，企业可将自有工业用地调整为保障性住房建设用地，并允许将建成的保障性住房优先分配给本企业符合条件的保障对象，部分土地使用权人愿意利用这些工业用地来支持政府的保障性住房建设，该模式既解决了该类土地继续开发的出路问题，也充分调动了企业参与保障性住房建设运营的积极性。"十二五"期间，深圳"工改保"项目 18 个，建设保障性住房 3.7万套。

（四）城市公共交通设施上盖配建保障房

借鉴香港地铁与周边物业搭配开发的模式，开创性地在地铁上盖、公交场站进行综合开发，配建保障性住房项目，将地铁和公交场站、保障性住房以及商业物业开发三者统筹考虑。这种方式既集约利用了土地，又缓解了保障性住房建设资金压力，还为受保障居民提供了良好的生活配套，降低了居民工作和生活成本，达到了既解决土地不足又便于市民出行还提高地铁运营效益的三赢局面。如地铁塘朗车辆上盖，总建筑面积 54 万平方米，其中保障性住房就占

27 万平方米，可提供 3825 套保障性住房。"十二五"期间，深圳通过地铁上盖建设的保障性住房项目已达 5 个，总计提供保障性住房 2.3 万余套。

（五）产业园区配建保障房

缓解产业园区产业工人及管理人员的住房问题，在兴建各类产业园区时要求按一定比例配建公寓、宿舍，对于一些战略产业园区的重点企业，鼓励其出资建设保障性住房，优先租售给本企业符合条件的职工，并将富余用房由政府按成本价收购后纳入全市统一管理。其中配建工人公寓和宿舍，优先提供给园区内的外来务工人员，现已有 48 个产业园区配套保障性住房项目，共建设 2.1 万套保障性住房。

（六）BT 或 BOT 模式引入社会力量

在公共租赁住房的供给中，引入先由企业建设，再由政府赎买的 BT 模式，以及建设—运营—移交的 BOT 模式。BT 或 BOT 模式有利于改变原有的投资融资格局存在的重大缺陷，改善金融资本、产业资本、建设企业及其关联市场在很大程度上被人为阻隔的情况。有利于加强资金有效封闭管理，促使金融机构、开发商、建设企业形成以项目为核心的有机循环闭合体，优势相补，使资源得到合理流动与运用。例如在首地容御、福保 114 和 112 地块项目采用 BT 模式，在龙珠八路西地块采用 BOT 模式，引进有实力的企业开发建设；由中铁集团负责建设朗侨峰居公共租赁住房项目，其中一半交由政府统一管理，另一半则留为企业自用，待运营 30 年后再将产权全部移交给政府。"十二五"期间，深圳在建保障性住房项目 125 个，计划总投资 616 亿元，其中政府投资 203 亿元，社会投资 413 亿元，分别占 33%、67%。社会投资中政府最终需回购 130 亿元，有效地延长和缓解了财政支付压力。通观"十二五"保障房建设，政府投资占计划总投资的 50% 左右，社会投资比例明显优于全国其他大中城市。

（七）代建总承包模式

政府通过公开招标选择一家房地产企业牵头，勘察、设计、施工等几家企业参与组建的联合体，签订保障房代建总承包合同，由房地产企业负责完成项目建设全过程。如地铁塘朗、横岗、蛇口西三个车辆段上盖保障性住房项目等。该模式延缓了政府的资金支付周期，充分调动了企业在工程建设和管理方面的优势，提升了保障房建设的效率。从实践效果看，保障房项目建设周期缩短一年以上，控制了项目造价，提升了工程质量，也一定程度上减少了政府直接管理项目的寻租空间。2011年至2014年深圳市保障性住房建设投资470亿元，其中政府投资为161亿元，社会投资309亿元，分别占34.3%和65.7%，深圳市保障性住房建设引入社会资本取得巨大成效。

（八）诚信申报轮候分配，分配打造阳光分配机制

在系统总结保障性住房历史经验的基础上，深圳积极借鉴香港地区、新加坡和国内兄弟城市的先进经验，在全国率先建立保障性住房轮候库。保障性住房分配，实行居民"诚信申报"，政府"资格后审""动态核查"，配租配售"轮候分配"模式。保障性住房分配全面提速，从申报到分配与过去相比时限缩短80%。保障性住房分配效率大幅提高，行政管理成本明显降低。申请受理、排队信息、审核分配、房源结果和政府管理面向社会实行"五个公开"，保障性住房阳光分配机制基本形成。

同时，该制度的实施使住房困难家庭对住房保障形成了合理预期，政府也切实摸清了需求，为保障性住房建设逐步实现"以需定建"奠定了坚实的基础。该制度实施以来，深圳非诚信申报和保障性住房违规违法现象呈现逐渐下降趋势，市民诚信意识普遍提高，进一步丰富和完善了深圳社会诚信建设，为培育和践行社会主义核心价值观，推动全社会诚信体系建设起到了积极和带头作用。（见图3—3）

图3—3   保障房申请现场

链接：

按照《深圳市安居型商品房轮候与配售办法》《深圳市公共租赁住房轮候与配租暂行办法》规定，对符合安居型商品房、公共租赁住房申请条件的住房困难家庭，对公示无异议或者有异议但经核实异议不成立的申请人，统一纳入轮候库，分类轮候，分批解决。轮候顺序依照取得本市户籍、缴纳社会保险或提出申请时间的先后等因素确定，对残疾人、抚恤定补优抚对象以及人才等住房困难家庭，予以优先轮候。

轮候采用首次集中轮候排队、日常轮候递补的轮候规则。首次轮候时，按照申请人轮候基准时间的先后，为受理的申请人排序。轮候基准时间由申请人取得深圳户籍时间和缴纳社保时间决定。首次轮候截止后，进入日常轮候，申请人轮候依受理回执号的先后顺序确定，依序排在首次轮候末位申请人之后。与此同时，深圳市打通了公共租赁住房和安居型商品房轮候库，实现了两库合一，使保障性住房的申请、轮候更为有效。（见图3—4）

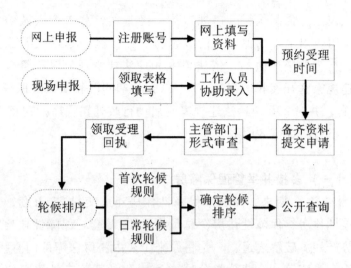

图 3—4　安居型商品房轮候流程

资料来源：深圳市住房研究会整理。

（九）保障房同城异地置换平台

保障性住房内部流转封闭运作的另一个重要举措，是建立公共租赁住房内部流转机制，2014 年起草了《深圳市公共租赁住房置换管理办法（试行）》。政府搭建公共租赁住房同城异地置换平台，鼓励倡导具有置换公共租赁住房意向的承租人置换公租房。协助解决保障对象工作、子女读书不便利等问题，促进"职住平衡"，最大程度实现公共租赁住房的资源利用，也从源头上解决保障性住房违规转租、转借的顽疾。

（十）动态监管与严厉惩罚

深圳及时修订了《深圳市保障性住房条例》，针对骗租、骗购、骗补等违法行为，采取全国最严厉的处罚措施，法定最高可罚 20 万元，并终身不得申请保障性住房，为目前保障性住房违规处罚措施之全国最严。在此基础上，建立动态核查机制，严格准入与退出管理。对通过弄虚作假、隐瞒家庭收入、人口及住房状况骗购、骗租保障性住房和申请住房保障货币补贴的，严格执行退租、提高租金、政府回购和停发货币补贴等规定。对拒不执行的，相关部门可依法申请人民法院强制执行。违规行为一经查实，载入个人诚信不良记录，不得再申请住房保障。情节恶劣的在社区公示通报并通知所在单位，行为涉嫌违法的，依法追究相应法律责任。对不符合保障条件的违规家庭开展收房行动。"十二五"期间已收回各类保障性住房1098套，共对290户违法违规家庭启动行政处罚程序，罚款521.67万元，举行听证会89场。

（十一）多措并举管理保障房

"十二五"期末，深圳市保障性住房建成交付21万套，加上原有政策性住房、保障性住房，总量将达48万套。保障性住房后续管理形势严峻。破解之道：一是将原来主要由住房保障部门直接管理，转变为全市统筹、企业分类分层次运营和管理；二是建立包括政府直管、业主代管、企业托管的"三位一体"管理模式；三是推行单位住房保障专员制度，强化住房保障专员在人才安居工作中的作用；四是通过公开招标引进包括物业公司在内的社会力量参与后续监管，加大使用环节执法检查力度；五是以智慧城市、智慧社区为依托，鼓励企业充分利用信息科技强化管理，建立全市统一的保障性住房小区信息管理系统；六是建立管理服务标准和评估机制，面向社会、重心下移，多渠道、多方式引入社会和媒体监督。经过不懈努力，多家品牌物业公司、专业公司参与深圳市保障性住房后续管理，住房保障信息管理系统全面投入使用。

2010年，深圳筹建保障性住房5.11万套，完成年度计划目标的102%；新开工保障性住房达5.22万套，完成计划目标的105%；完成（竣工）福保110、112等1万套保障性住房建设，面向社会低收入家庭供应了5456套保障性住房，其中出售3871套，出租1585套，并完成对第二批保障性住房申请的终审。对2007年12月31日前登记在册的户籍低收入家庭，以实物租售和货币补贴的方式也基本实现了应保尽保。

2011年，深圳新增安排筹集建设6.2万套，实际开工建设7.6万套、竣工1万套，提前超额完成了中央和省下达给深圳市开工建设7.3万套保障性住房的既定目标；全年为4000多户低收入家庭提供住房保障，实现了 2007 年以前符合条件的户籍低收入家庭应保尽保；为 10928 名人才提供共计 2070 万元租房补贴，安排 1110 套公租房用于人才安居；制定重点企事业单位名录，启动人才安居常态化受理。

2012 年，深圳保障房建设提速提效，新增安排建设 4 万套，开工 3.8 万套，竣工 1.8 万套，分别为计划数的 109% 和 180%，在全省提前超额完成开工任务，年供应量创历史最高纪录，居全省、全国前列；全年共供应 2.39 万套保障性住房，所有符合廉租房条件家庭，继续实现"应保尽保"，本市户籍的低收入住房困难家庭问题已基本解决；针对户籍夹心层，先后推出中海"阅景花园"等多个安居型商品房以及公共租赁住房；在全面完成人才安居试点基础上，启动实施扩大试点，安排资金 10 亿元为 20 万名人才提供租房补贴，配租公共租赁住房，截至 2012 年年底累计发放货币补贴资金总额约 2.14 亿元。

2013 年，深圳新增安排筹集建设保障房 4 万套，新开工 1.7 万套，竣工 2.21 万套，分别完成年度计划的 113%、111%，全年供应保障房 2.7 万套，完成年度计划的 108%。统筹全市人才安居工程工作，协调各区落实人才安居扩大试点，全年市、区两级受理和发放人才安居住房补贴 10 亿元，人才住房（含人才公租房和安居型商品房）18100 套，惠及 20 万人才。安居型商品房轮候分配全面铺开，安居型商品房首次轮候受理申请家庭共 28144 户，其中，已配售安居型商品房家庭 2019 户，有效申请 24410 户，无效申请 1715 户。

2014 年，深圳新开工保障性住房 30982 套、竣工 27442 套、供应 28888 套，分别完成深圳市下达目标任务的 124%、110%、103%。超额完成年度住房保障工作计划任务；妥善解决了深圳市第一次、第二次保障性住房申请低收入家庭、"两兵"等四大历史群体的住房困难问题；市本级发放人才安居住房补贴约 4.28 亿元，"租售补"相结合，惠及约 10 万人才家庭；全市共受理安居型商品房日常轮候申请家庭 8209 户，通过初审 7789 户，驳回申请 401 户，申请退件 19 户；全市共受理公共租赁住房日常轮候申请家庭 18676

户，通过初审 17236 户，驳回申请 1440 户。

2015 年，深圳保障性安居工程完成投资约 153.9 亿元，新开工约 1.76 万套，竣工保障性安居工程项目约 2.13 万套，供应保障性住房约 2.14 万套；全市发放低保及低收入家庭住房货币补贴 1673 户，共计约 1499.52 万元；全市发放人才安居住房补贴约 3.97 亿元；向重点企事业单位定向配租配售 7912 套，惠及约 27692 人。

截至"十二五"期末，深圳拥有 282 个保障性安居工程项目（其中 135 个为在建项目），总占地面积超过 824.23 万平方米，总投资额超过 882.76 亿元。深圳保障性住房房源总数为 238877 套，累计保障总人数已达 297349 人。2010 年实施人才安居政策以来，全市共惠及人才约 32.32 万人。2007—2015 年，无论是住房保障投资规模、保障房建设和分配数量以及保障群体覆盖范围均呈逐年上升趋势，截至 2015 年年底，基本实现了深圳住房保障多个住房困难群体的广覆盖。（见表 3—4、表 3—5，图 3—5、图 3—6、图 3—7、图 3—8、图 3—9、图 3—10）

表 3—4　　　　　　2010—2015 年保障性住房实际情况

年份	实际安排（万套）	实际开工（万套）	实际竣工（万套）	实际供应（万套）	实际供应用地（平方公里）	实际资金（亿元）
2010	5.11	5.24	1		0.657	
2011	6.2	7.6	1.05		0.795	88.7
2012	4	3.8	1.8	2.39	0.3	147.2
2013	4.06	1.7	2.21	2.76	0.16	121
2014	4.5	3.1	2.74	3.11	0.6	146.22
2015	5.3	1.76	2.13	2.14		153.9

表 3—5　　　　　　2010—2015 年保障性住房计划情况

年份	计划安排（万套）	计划开工（万套）	计划竣工（万套）	计划供应（万套）	计划供应用地（平方公里）	计划资金（亿元）
2010	5	5	1		0.3	
2011	6.2	7.3	1		1.26	148.6
2012	4	3.5	1	2	0.3	207.1
2013	4	1.5	1.5	2.5	0.15	160
2014	4.5	2.5	2.5	2.8	0.8	123.9
2015	5.3	1.5	1.5	1.8	0.85	90.18

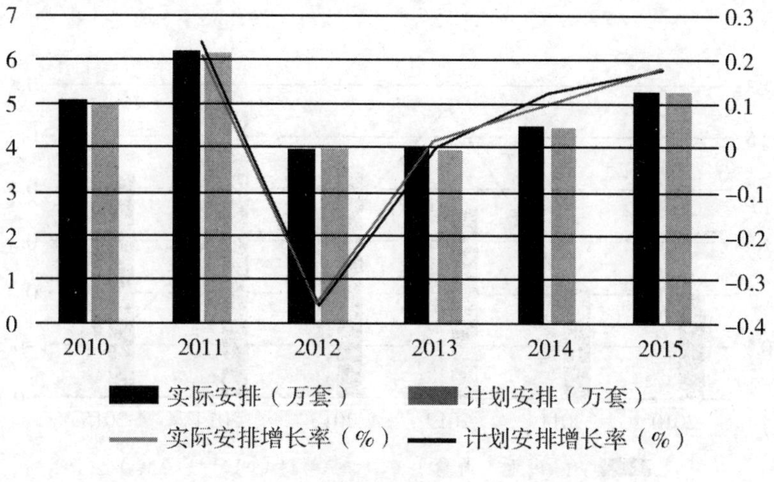

图 3—5　2010—2015 年保障性住房安排情况

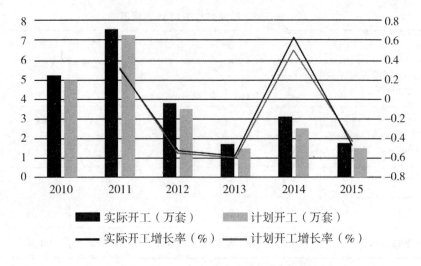

图 3—6　2010—2015 年保障性住房开工情况

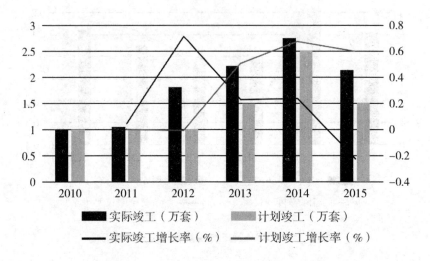

图 3—7　2010—2015 年保障性住房竣工情况

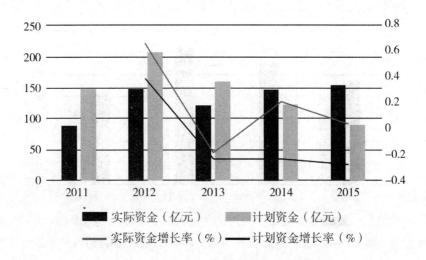

图3—8　2011—2015年保障性住房资金安排情况

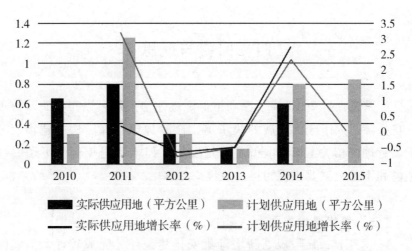

图3—9　2010—2015年保障性住房供应用地情况

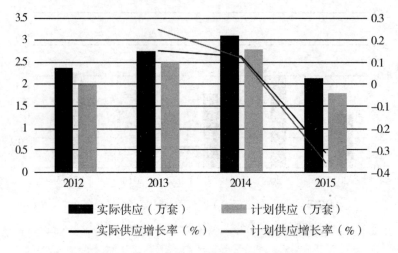

图3—10   2012—2015年保障性住房供应情况

资料来源：深圳市规划和国土资源委员会、深圳市住房和建设局官方公布，深圳市住房研究会整理。

四 回望与反思

可以说，自2010年《深圳市保障性住房条例》发布实施，深圳住房保障进入了全面发展的快车道，法治建设与保障房的建设、分配、管理等相关工作均取得了长足发展，但不可避免仍留下了一些遗憾和不足，主要表现为：

（一）筹集建设方面

——"十二五"规划新增筹集安排建设任务完成较好，但实际竣工情况却不容乐观。据统计，"十二五"期间全市完成保障性住房新增筹集安排任务24.62万套，超额完成规划目标，但竣工任务仅实际完成10.2万套，尚不足规划任务目标21万套的50%。主要原因包括三方面：一是保障性住房中存在大量城市更新配建项目，涉及房屋拆迁与补偿谈判，不稳定、不可控的因素较多；二是深圳市保障性住房项目平均工期长达36个月与预期偏差较大，加之前期工作环节过多、审批流程过长等原因，导致工程建设进度相对滞后于预期；三是深圳市住房保障制度多次进行重大调整，如公共租赁住房与廉租住房并轨运行、经济适用住房逐步停止建设供应等，导致原订工作计划及部署均需相应调整，整体工作进度有所影响。

——城市更新难度日益加大，盘活存量住房举步维艰。鉴于深圳市土地资源严重紧缺的约束，城市更新配建已经成为深圳市保障性住房筹建核心渠道，然而由于城市更新定位于市场运作，随着近年来深圳市房地产价格的快速上涨，其拆迁谈判难度日益加大，进而导致全市城市更新工作的整体推进速度较为迟缓，此类项目已经成为深圳市"十二五"保障性住房竣工目标完成度不高的一大主因。此外，"盘活存量住房资源"作为《深圳市住房保障制度改革创新纲要》明确的十大举措之一，由于商品房价格过高，存量的城中村及统建楼等违法建筑情况复杂且缺乏政策依据等因素综合作用，该项工作却未能取得实质性进展。

——保障性住房项目公共配套尚不完善，与保障对象期望差距较大。据不完全统计，"十二五"期间市本级开工建设的134个保障性住房项目中，明显存在公共配套设施问题的项目有69个，占比超过50%，其中问题多集中于公共交通、教育设施、医疗卫生设施三个方面，分别占比达21%、43%、19%，客观上造成了部分项目存在"上学难、出行难、就医难、买菜难"等生活便利问题。另外，根据2015年部分已租售保障性住房家庭的抽样入户调查显示，总体满意率为58.52%，相比较2014年度的满意率（55.4%）有所提高，可见深圳市保障性住房的整体品质虽有所提高，但与保障对象的预期仍存在较大差距。

（二）分配方面

——保障性住房轮候申请审核效率较低，入库积压情况长期存在。自2012年年底，深圳市正式实施保障性住房轮候制度，申请保障房之前需先申请进入深圳市统一的保障性住房轮候库，但在入库申请审核环节，为了稳妥起见，未能实际贯彻"诚信申报，资格后审"的精神，依然采取了行政色彩较为浓厚的全面核查制度。由于人力资源配置与巨量申请不相匹配，入库审核出现大量积压。截至2015年年底，全市保障性住房轮候库中，已通过审核的在册轮候家庭约 8.2 万户，而已提交并接受申请但处于审核环节的家庭则达到约 12 万户，通常一个家庭从提交轮候申请到审核入库的周期要长达数月之久。

——人才安居工程形式相对单一，实施效果不显著。2010 年《关于实施人才安居工程的决定》发布实施以来，针对人才群体的住房保障不断完善，但总体形式较为单一，仅包括面向重点企业的定向配置和面向重点企业人才以及新引进人才的租房货币补贴，且保障的总体力度较为有限。截至"十二五"期末，全市累计发放人才货币补贴约 19.7 亿元（其中市本级发放 14.1 亿元），面向重点企业定向配租配售保障性住房 18812 套，人才安居工程共惠及约 24 万名人才，即使加上在深圳市保障性住房轮候库中获配住房的 16 万人才，相对于深圳市 439 万的人才总量而言，也只能说是"杯水车薪"。

——保障性住房骗租骗购处罚力度居全国之最，但违法成本仍然过低。2011 年 5 月 31 日，深圳市人大常委会正式审议通过并做出了《关于修改〈深圳市保障性住房条例〉的决定》，此次修订的主要内容就是大幅提高保障性住房骗租骗购的处罚力度，其中行政罚款金额最高提升至 20 万元，居全国之最。但随着深圳房地产价格的快速上涨，保障性住房与商品房价格差额悬殊，以龙华新区的中海锦城项目为例，其与同地段、同类型和同时期商品房价格差超过 3 万元/平方米，到 2016 年下半年，价格差更是已高达 5 万元/平方米。显然，20 万元的罚款对于数百万元的高额利益空间来说，违法成本仍然过低，仅依靠行政罚款形成的威慑力已明显不足。值得欣慰的是，2016 年，深圳市公安局与市住建局联合制定并出台了《关于加强深圳市住建行政执法与公安刑事司法衔接的工作意见》，明确骗租骗购保障房等 6 类住建领域涉嫌犯罪情形移交公安部门立案查处，这也意味着推进保障性住房骗租骗购行为入罪并承担刑事责任的工作已经全面启动。

（三）管理方面

——保障性住房内部流转机制仍然未能实施，创新改革的时效性有待提高。2012年年底，深圳市发布实施的《深圳市住房保障制度改革创新纲要》已明确提出"严格保障性住房产权管理，建立内部流转机制"，然而时至今日，保障性住房内部流转机制仍未实施。可以预见的是，该机制的缺位，未来一段时间内深圳保障房难逃"一边建设，一边流失"的困境。同时，依托于该机制基础之上的其他改革，如共有产权等也不免陷入停滞。

——经济适用住房上市增值收益分成比例过低，一定程度不利于社会公平，有悖于政策初衷。根据国家经济适用住房的有关政策，购房后满5年就可以申请缴纳一定比例的增值收益后取得完全产权。据此，深圳市制定了《深圳市经济适用住房取得完全产权和上市交易暂行办法》，明确增值收益的缴交比例按照《深圳市住房保障制度改革创新纲要》规定的下限50%执行（同期北京、广州、厦门的该项比例为70%、80%、90%）。以深圳第一个适用该政策的经济适用住房桃源村三期来看，当前每套住房的二手交易价格已高达500万元左右，而其当时的购房价仅43万元左右，上市交易后保障对象的实际获益超过200万元，加之实际缴交的市场评估价格按照市房地产评估发展机构测算的市场交易价值合理区间下限执行（实际位于市场价格的70%—80%），则其获利空间将进一步加大。

经济适用住房是带有救济性质的公共住房政策，是社会整体公共资源的让渡产物，低收入家庭由此可能获得数百万资产的巨额利益，不免对其他群体公平享有社会公共资源的权利产生冲击，也有悖于经济适用住房以解决住房困难为宗旨的政策定位。当前，深圳市虽已停止经济适用住房的建设和分配，但仍存有大量已售经济适用住房即将达到上市年限，其所产生的影响还将持续存在。

五　历史瞬间

（一）2010 年 5 月 30 日，深圳市委书记王荣在市政协五届一次会议上介绍深圳将人才纳入保障性住房范围情况

时任广东省委常委，深圳市委书记、代市长王荣在市政协五届一次会议举行大会发言时做总结发言，重点提及了住房保障工作情况，在全国首先提出将人才纳入保障性住房范围，并指出要考虑到夹心层及非户籍住房困难家庭的住房保障问题。（见图 3—11）

图 3—11　深圳特区报截图

（二）2010 年 9 月 17 日，深圳市住房和建设局局长李荣强就《深圳市保障性住房条例》答记者问

李荣强对记者"为什么要出台《深圳市保障性住房条例》""《条例》在住房保障的基本思路方面实现了哪些突破""《条例》在创新体制机制、加快保障性住房建设的进度方面做了哪些规定"以及保障房的布局、来源、价格制定、审核程序、退出等诸多问题做了言简意赅的回答。

（三）2010 年 9 月，深圳市龙华扩展区保障房项目试行代建总承包

深圳市龙华扩展区保障房项目代建总承包招标工作结束，所有地块的三家代建总承包单位全部产生，分别是万科、金地和富通，均为深圳市知名房企。这是深圳市第一次探索施行保障性住房代建总承包机制，也是在全国首创。2010 年 4 月，深圳市住房和建设局牵头组织发改委、财政、审计、监察等部门成立了龙华项目招标小组，并委托市住宅发展事务中心进行龙华项目代建总承包招标工作。（见图 3—12）

图 3—12　深圳龙华扩展区保障房项目效果图

（四）2010 年 9 月，深圳市龙华扩展区保障房项目按绿色建筑标准建设

深圳市龙华扩展区保障房项目所有地块全部开工建设，该项目是我国首个按绿色建筑标准建设的保障性住房居住区。此项目的 3

个地块全部达到绿色建筑国家一星级、深圳市铜级标准。[①] 其中，0006、0007 地块达到了国家二星级、深圳市银级标准。该项目户户自然通风采光，全部使用太阳能热水技术、透水地面、节水节能器具和绿色再生建材产品。0009 地块设置了雨水回收利用系统，0006、0007 地块设置了中水回收利用系统。此前，深圳市副市长吕锐锋于 2010 年 3 月 29 日在第六届国际绿色建筑与建筑节能大会暨新技术与产品博览会开幕式上已向与会者透露，今后深圳所有保障性住房将一律按照绿色建筑的标准进行建设。（见图 3—13）2011 年，《深圳市住房保障发展规划（2011—2015）》中规定："实现保障性住房项目 100% 达到《深圳市绿色建筑评价规范》铜级标准。"

图 3—13　吕锐锋在第六届国际建筑与建筑节能大会上发言

（五）2010 年 12 月 14 日，深圳市启动"十百千万"人才安居工程

深圳市召开住房保障和人才安居工作会议，会上公布了"十百

① 我国在 2006 年施行了《国家标准绿色建筑评价标准 GB/T50378—2006》，按标准把绿色建筑评为三个星级，从低到高分别为一星级、二星级、三星级。为了适应深圳市实际情况，深圳市于 2009 年 9 月 1 日起实施了《深圳市绿色建筑评价规范》，将绿色建筑评为四个等级，由低到高分别为铜级、银级、金级、铂金级。

千万"人才安居工作实施方案，标志着深圳市人才安居工程正式启动。根据该方案，从《关于实施人才安居工程的决定》发布之日起，年内新开工十个人才安居项目，为市属一百家重点企事业单位解决一千套人才公共租赁住房以及为一万名人才发放租房补贴。深圳市市长许勤、副市长吕锐锋等向中科院深圳先进技术院、南方科技大学、华星光电公司等市重点企事业单位发放了首批人才住房钥匙和租房补贴。

（六）2010 年 12 月 20 日，深圳市发布出台《深圳市住房公积金管理暂行办法》等一系列规章文件

此前，新成立的深圳市公积金管理中心于 10 月 29 日正式揭牌，12 月份正式开始运作，这意味着深圳市改革后的公积金制度正式实行。深圳市以往的公积金只有储蓄功能没有贷款功能，且只在部分企业中施行，改革后的公积金可用于购房贷款，真正实现了公积金的共济作用，成为提供居民住房消费能力的有力工具；新施行的公积金制度大大扩大了公积金的覆盖面，取消了户籍限制，不但深圳市国家机关、国有企业、城镇集体企业、外商投资企业、城镇私营企业及其他城镇企业、事业单位、民办非企业单位、社会团体及其本市户籍的在职职工均须缴存住房公积金，而且非本市户籍在职职工所在单位可参照有关规定为非户籍职工缴存住房公积金。另外值得注意的是，住房公积金的增值收益可以用于建设公共租赁住房等保障性住房，从而更好地把公积金制度融入到住房保障制度之中。之后，深圳市相继出台了一系列公积金配套文件，完善了公积金缴存、贷款、提取等相关制度。（见图 3—14）

（七）2011 年 4 月 15 日，深圳市首个安居型商品房工程开工

卓越集团"西乡安居家园"项目开工，这是深圳首个开工的安居型商品房工程，其项目用地也是深圳市首次通过"定地价、竞房价"方式拍出的安居型商品房项目用地。"定地价、竞房价"这种拍地方式既通过竞房价的方式尽量降低安居型商品房房价，保证了其保障性，又通过定地价的方式在土地上进行一定程度的让利，以

图 3—14　深圳特区报截图

吸引开发商的参与，取得了较好效果。（见图 3—15）

图 3—15　深圳西乡安居家园项目户型图

（八）2011 年 4 月 26 日，中共深圳市委市政府成立深圳市保障性安居工程建设指挥部

为加快推进深圳市保障性安居工程建设，完成国务院和省政府下达的保障性安居工程建设任务，市政府决定成立深圳市保障性安居工程建设指挥部。其总指挥由深圳市委副书记、市长许勤担任，副总指挥由市委常委、常务副市长吕锐锋和时任市政府副秘书长李廷忠担任。其成员包括市发展改革委、市财政委、市规划国土委等部门负责人和六个区区长，以及光明、坪山两新区管委会主任。指挥部负责统筹协调推进深圳市保障性安居工程工作。指挥部下设办公室，办公室设在市住房建设局。从其机构设置和人员配备来看，说明深圳市已经把住房保障工作当作事关深圳市发展全局的重要工作，需要由行政一把手来指挥落实。

6 月 9 日，全市保障性安居工程建设指挥部第一次工作会议召开，会议传达贯彻了全省保障性安居工程建设工作座谈会精神，并听取了深圳近期保障性安居工程工作情况，审议通过了《关于加快保障性安居工程建设的通知》等文件，研究了 2011 年度保障性安居工程项目开工建设有关问题。

（九）2011 年 5 月 12 日，《深圳市住房保障发展规划（2011—2015）》通过深圳市人民政府公报发布

根据规划，2011 年至 2015 年，计划新增安排筹集建设保障性住房 24 万套，总建筑面积约 1536 万平方米，预计总投资约 646 亿元。2015 年年底，全市已建成的保障性住房与商品住房套数的比率由 25% 提高到 35%。到 2050 年，力争实现保障性住房套数占全市住房总套数的 50%，建立"双轨并行"的住房供应体系。

至 2015 年年底，力争实现户籍无房家庭全部得到住房保障，并逐步将住房保障重点转移至经济社会所需人才上来。具体目标为：（1）为 8 万户符合条件的户籍住房困难人群实施住房保障。其中，通过提供廉租住房和货币补贴方式对符合廉租住房保障条件的户籍住房困难人群实现应保尽保；通过提供公共租赁住房等实物与货币补贴方式有效保障其他户籍住房困难人群。（2）为 27.8 万户符合条件的人才安排住房保障，其中主要通过新增安排筹集建设等方式建设保障性住房（主要为安居型商品房）和货币补贴给予保障。

（3）逐步提高外来务工人员等其他住房困难人群居住水平。

至 2015 年年底，保障性住房人均住房基准建筑面积不低于 18 平方米，使用面积系数不低于 70%，100%实现一次性装修；确保工程建筑质量，力争五年内获得五个省部级以上工程质量奖项、一个项目获评"鲁班奖"。实现保障性住房项目 100%达到《深圳市绿色建筑评价规范》铜级标准，打造 10 个绿色低碳生态示范社区。推行可再生能源技术和垃圾减排技术，实现 30%保障性住房项目应用垃圾减量和垃圾分类技术产品。

规划要求优先选用周边配套较成熟、公共交通较便捷的已开发地区，与城市发展总体布局相衔接，综合考虑全市近期城市发展、产业发展和重大交通设施建设，在宝安中心城、前海地段、重点产业园区等全市近期重点发展地区优先安排深圳市保障性住房建设。确保保障性住房居住区在公交车站点 500 米半径覆盖范围内或地铁 800 米半径覆盖范围内，区域公交线网密度不低于 3 公里/平方公里，区域人均公交车辆拥有率不小于 10 标车/万人。

（十）2012 年 5 月，《深圳市保障性住房户内装饰装修设计图集（送审稿）》顺利通过专家评审

由深圳市住房和建设局、深圳市发展和改革委员会委托深圳海外装饰工程有限公司与深圳市建筑科学研究院有限公司会同科研、设计、地产开发、装饰装修等 13 家单位编制的《深圳市保障性住房户内装饰装修设计图集（送审稿）》顺利通过专家评审，这意味着深圳保障房户内装修设计将有制度性规范与标准体系。该《图集》的编写工作于 2010 年 9 月正式启动，编制小组通过多次调研市场、考察建筑工地、查阅相关资料，总结全国各地、香港等现有保障性住房装饰的实践经验，借鉴国家、行业和其他省市的相关标准，经过一年多的研究与编制，且经过公开征求意见，最终形成了《深圳市保障性住房户内装饰装修设计图集（送审稿）》，它包括三项内容：《深圳市保障性住房户内装饰装修设计

要点》《深圳市保障性住房户内装饰装修参考图集》《深圳市保障
性住房户内装饰装修材料手册与预算》（见图 3—16）。

图 3—16　《深圳市保障性住房户内装饰装修设计图集》专家评审会现场

（十一）2012 年 6 月 11 日，《深圳市保障性住房建设标准（试行）》发布

深圳市住房和建设局与市改革和发展委员会联合发布《深圳市
保障性住房建设标准（试行）》。《标准》细化完善了《深圳市保障
性住房条例》中对保障房区位、户型、建设设计标准方面的原则规
定，进一步规范了保障房建设过程，保证了保障房的建设质量和宜
居性（见表 3—6）。

表 3—6　　　　　深圳市保障性住房建设标准（试行）

区位要求	保障性住区选址区域应在公交车站点 500 米半径覆盖范围内或地铁 800 米半径覆盖范围内。住区出入口到达公共交通站点的步行距离不应超过 500 米，周边公交路网较少的住区出入口处宜设置的士站
	住区区域公交线网密度不宜低于 4 公里/平方公里，住区区域人均公交车辆拥有率不宜小于 14 标车/万人

续表

户型要求（各类户型建筑面积允许上下浮动5%—10%）	A 类户型	一个或两个居住空间模式，建筑面积约 35 平方米
	B 类户型	三个居住空间模式，建筑面积约 50 平方米
	C 类户型	三个居住空间模式，考虑可改造四个居住空间的设计，建筑面积约 65 平方米
	D 类户型	四个居住空间的模式，建筑面积约 80 平方米
装修要求		保障性住房的装修率为 100%
		装修材料要求采用符合国家资源节约、环保等要求的建筑材料及住宅部品，优先采用通过质量认证的产品，严禁采用高耗能及污染超标的材料
环保要求		具备太阳能集热条件的新建十二层及十二层以下居住建筑，应为全体住房配置太阳能热水系统；具备太阳能集热条件的新建十二层以上居住建筑，应为不少于十二层的住户配置太阳能热水系统
		新建保障性住房应配套建设非传统水源供水管道系统，用于景观补水、绿化浇洒、道路冲洗及公共建筑的卫生间冲厕等；非传统水源应优先利用市政再生水

（十二）2012 年 6 月 13 日，深圳安居型商品房项目陆续建成配售

深圳首个建成的安居房项目永福苑启动申购，基准价为 6467 元/平方米（含装修），仅为同地段商品房的一半左右。本次销售的安居型商品房的住宅房源 504 套，其中 64.04—65.98 平方米的二房住宅 476 套，84.62—86.5 平方米的三房住宅 28 套。6 月 27 日，永福苑安居型商品房抽签会，4100 户校核合格家庭进入抽签环节，抽签采取电脑随机抽取的方式产生入围申请人 1260 名，其中两房入围申请人 1190 名，三房入围申请人 70 名。6 月 28—30 日安排入围申请人至项目现场看房。8 月份、12 月份，第二个安居房项目阅景花园、第三个安居房"西乡安居家园"项目陆续建成推出，这意味着深圳市住房保障从此进入"安居房时代"。

（十三）2012 年 6 月 13 日，深圳市在新建安居型商品房的配售中试行诚信申报和探索轮候制度

深圳市从第一个安居房项目永福苑的配售就开始试行了诚信申报机制。所谓诚信申报，是指在申请时，只检查申请材料是否齐全、形式是否正确，而不核查其申请信息属实与否。等到选房后再核查其申请信息的属实与否，对虚报信息或恶意伪造的，不但依据《深圳市保障性住房条例》和《深圳市安居型商品房建设和管理暂行办法》对其进行严厉处罚，还没收申请者之前缴纳的诚信保证金或者认购定金。诚信申报把事前审核转为事后监管，一方面简化了审核程序，节省了行政资源，使审核更具有针对性；另一方面也有利于培养公民的诚信意识，减少不负责的骗租骗购行为。

为了在众多申请者中确定认购入围者，在永福苑的配售中采取的是抽签的方式。为了确保抽签的公正性，市监察局、市住房和建设局、市规划和国土资源委员会现场监督，邀请市人大代表、政协委员代表以及部分媒体代表和申请人代表一起进行见证。深圳市宝安公证处对整个抽签过程进行现场公证。但在第二个项目中，即改用申请人排队选房规制，按申请人迁入本市户籍时间与在本市首次缴纳社会保险时间中较早的一项作为确定入围、选房依据。经过不断摸索，诚信申报和轮候制度不断成熟，并最终在 2012 年 11 月施行的《深圳市安居型商品房轮候与配售办法》中确定下来。

（十四）2012 年 11 月 13 日，深圳市住房和建设局局长李廷忠做客"民心桥"节目

上午 11 点至 12 点，第 397 期"民心桥"节目，深圳市住房和建设局局长李廷忠做客"民心桥"，就"住房保障制度改革创新"等市民关心的问题与市民对话互动（见图 3—17）。

在对话中，李廷忠局长对深圳住房保障，尤其是转型发展期住房保障成果进行了总结，对未来住房保障体系创新完善进行了展望。对市民广泛且不失尖锐的问题，李局长没有回避，而是耐心解答，提出对策，体现了住房保障改革者直面问题的勇气和以改革创新解决问题的睿智。

图 3—17　市住建局局长李廷忠做客"民心桥"节目

李局长说，住房是民生之本，住房保障是政府不容推卸的公共职责之一。胡锦涛总书记在十八大报告中再次强调指出："加强社会建设，必须以保障和改善民生为重点。提高人民物质文化生活水平，是改革开放和社会主义现代化建设的根本目的。要多谋民生之利，多解民生之忧，解决好人民最关心最直接最现实的利益问题，在学有所教、劳有所得、病有所医、老有所养、住有所居上持续取得新进展，努力让人民过上更好生活。"多年来，市委、市政府高度重视住房保障工作，经过各相关部门的协同努力，在社会、企业和广大人民群众的共同支持下，深圳市住房保障工作取得了一定的成绩。

（十五）2013 年 1 月 19 日，深圳市市长许勤表示"保障性住房用地将优先安排"

1 月 19 日中午，在市民中心举行深圳市五届人大五次会议市长专场记者会，深圳市市长许勤出席发表讲话并回答记者提问。

许勤强调，改革创新是深圳的根和魂，深圳经济特区发展的成就，应该说是改革开放推动的结果。改革可以增强发展的活力，可以创造生产力，进一步推动改革是深圳经济特区的责任和使命。习近平总书记在党的十八大后到外地视察的第一站来到深圳，对深圳经济特区改革开放发展寄予了厚望，指明了继续推动改革开放这一总的方向。

就住房保障问题，许勤回答说，保障性住房建设需要土地空间和资金保障。从空间上来看，"十二五"期间将完成150平方公里土地的整备，同时加大力度推进城市更新项目建设，2012年新开工的城市更新项目有60个，2013年开工80个，这里面不乏保障性住房项目。同时，政府对保障性住房在用地安排上也是优先的，通过加大整备土地力度，以及对一些新资源的开发和利用，保障性住房建设计划将得到很好的实施，进一步增强保障性住房的供给能力。

关于保障性住房建设的资金问题，将通过多个途径来解决，一是政府资金，二是投融资改革，三是动员社会力量，完全有能力解决好保障性住房的空间和资金问题。

（十六）2013年3月12日，深圳市安居房轮候申请启动

安居型商品房将成为今后深圳主要的住房保障方式，为了建立全市统一的安居型商品房轮候名册，自2012年12月1日起，《深圳市安居型商品房轮候与配售办法》正式实施，成为全国率先实施安居房轮候制度的城市。经过紧张筹备，深圳正式启动安居型商品房轮候申请受理工作，轮候3—5年可申请到安居房。符合条件的申请家庭可登录深圳市住宅售房管理服务中心网站提交网上申请，首次轮候申请受理时间截至6月11日。

首次轮候截止后，安居型商品房实行日常轮候，申请人轮候顺序依受理回执号的先后确定，依序排在首次轮候末位申请人之后。另外，深圳建立全市统一的安居型商品房轮候册，可以通过统一的信息平台向社会公开，接受各界监督。

（十七）2013年7月25日，深圳市举办保障性住房标准化系列化设计研究成果展

深圳市作为住宅产业化综合试点城市，每年在保障性住房的建

设数量上都位居全国前列，但如何从设计上改善、规避施工质量参差不齐、建设成本不能量化等问题，成为一个谜团。7月25日，由市人居环境委组织深圳市华阳国际工程设计有限公司和深圳市建筑设计研究总院联合开展的"深圳市保障性住房标准化系列化设计研究"成果展解答了这一问题（见图3—18）。

图3—18　保障性住房标准化效果图

标准化设计是住宅产业化的基础和核心，在保障性住房率先实现标准化设计，既是实现保障性住房缩短工期、降低成本和确保质量的重要手段，为深圳市保障性住房高质量地完成"十二五"住房保障目标提供强力支撑，也是深圳市建设国家住宅产业化试点城市的重要内容。

标准户型设计共分12个户型模块，分为标准型、紧凑型和舒适型三大系列。分别对应不同的保障人群，户型面积有35平方米、50平方米、65平方米和80平方米四种不同的面积区间。每个系列户型的厨房、卫生间、阳台、客厅、卧室等功能空间最大限度地采用了标准化模块化设计（见图3—19）。

在通过标准化设计提升保障性住房的质量的同时，还通过对入户空间、卧房、厨卫、门窗等一系列细部空间及部品构件进行精细化设计，使得居住环境充满细节，提升了城市普通居民的生活品质。

图3—19 保障性住房标准化展览现场

2013年7月初，国务院检查组对深圳市保障房质量给予充分肯定，认为深圳市保障房建设的标准化和工业化全国领先。

2013年8月30日，深圳市创新举措提高公租房分配效率。

深圳市龙悦居、梅山苑二期3685套公租房面向社会群体配租，本批配租房源共3685套，全部面向社会群体。入围申请人需在9月2日至9月10日递交书面材料。3685套公租房源中包括龙悦居的3473套，单身公寓（约35㎡）1895套、一房一厅（约50㎡）861套、两房一厅（约50㎡）717套，另外212套位于梅山苑二期，其中一房一厅（约41㎡）172套、两房一厅（约65㎡）40套。在此次配租中，租赁管理服务中心首次推出了选房、签约、入住"三位一体"服务这一便民新举措（见图3—20）。

（十八）2013年8月27日，深圳市人大常委会专题询问聚焦保障房建设管理

8月27日下午，深圳市人大常委会召开主题为"保障性住房建设和管理"的专题询问会，会议由市人大常委会主任白天主持，市委常委、常务副市长吕锐锋参加会议，询问采取一问一答的形式，询问人为人大常委会委员，应询人为市政府有关部门的主要负责人（见图3—21）。

图 3—20　保障房配租现场

图 3—21　深圳市人大保障房专题询问会现场

　　保障房小区车库现"豪车"，两岁儿童成后备级人才，这样的"乌龙事件"曾让保障房的分配受到质疑。如何确保保障房分配公平公正，是许多委员关注的问题。

　　深圳市住房和建设局负责人在回答问题时承认，保障房建设难，分配更难。近两年，深圳市不断完善保障房分配制度，但仍有不少需要完善的地方。

针对这个问题，深圳市住房和建设局负责人表示，斩断利用保障房寻租获利的链条是分配制度的关键。深圳市正研究相关政策，下一步拟规定所有保障房实行封闭运作，内部流转。保障房一般情况下不允许上市，如果一定要上市，50%以上的收益要交政府。

（十九）2014年2月27日，深圳市住房和建设局就侨香村有人涉嫌非法出租或出借住房进行突击检查

针对媒体曝光侨香村存在违法出租问题，深圳市住房和建设局派出执法人员进行突击检查。初步查出有28户住房非本人居住，涉嫌违法出租。深圳市住房和建设局表示，对经查实存在非法出租的家庭，将没收其非法所得，情节严重者，将收回其侨香村的政策性住房（见图3—22）。

图3—22 深视新闻报道截图

深圳市住房和建设局表示，将进一步完善政策性住房租售后的监管机制，实施常态化的监督管理，对于违法出租、转租等行为，发现一单，查处一单，绝不姑息迁就。

（二十）2014 年 7 月 1 日，深圳市公共租赁住房同城异地置换平台正式启动

为满足广大群众公共租赁住房承租置换需求，建立深圳市公共租赁住房内部流转机制，根据《深圳市住房保障制度改革创新纲要》等有关规定，《深圳市公共租赁住房置换管理办法（试行）》经向社会公开征求意见，已正式发布实施。此举旨在为公租房承租人的工作、生活提供便利，协助解决保障对象工作、小孩上学不便利的问题，促进"职住平衡"，最大程度实现公租房的资源效用并从源头上解决保障房违规转租、转借的顽疾。

市主管部门建立全市统一的公租房置换平台，对全市公租房置换活动实行监督管理，并依法委托市住宅租赁中心具体实施。

《办法》适用于市、区两级政府建设筹集的面向社会家庭（包括单身居民）配租的公共租赁住房置换相关活动。面向单位定向配租和产业配套建设的公共租赁住房不适用该《办法》。

（二十一）2014 年 7 月 24 日，住建部专项巡查组到深圳市巡查 2014 年保障性安居工程任务落实情况

7 月 24 日下午，住建部杨丽坤副巡视员一行到深圳市启动 2014 年保障性安居工程任务巡查工作。（见图 3—23）深圳市住房和建设局副局长胡建文及市发改委、市财政委、市规土委以及各区住房保障部门负责人参加了会议。

杨丽坤副巡视员听取了深圳市保障性安居工程总体情况、2014 年保障性安居工程目标任务完成情况以及下一步工作计划的情况汇报，并对此次巡查工作进行了部署。

巡查内容包括：工程建设进展情况、分配入住情况、信息公开情况、政策落实情况、2015—2017 年各类棚户区改造项目准备情况、棚户区改造中实行货币补偿方式的户数及比例、保障性安居工程建设用地出让中是否存在毛地出让的情况以及出让的数量比例、住房公积金贷款支持保障性安居工程建设的情况、中央补助资金、

图3—23　住建部专项巡查组巡查深圳保障房项目

省级财政配套资金拨付和信贷资金落实情况。

　　此次巡查工作由住建部驻深圳巡查员具体负责，时间从7月下旬开始，巡查员每半个月向住建部报告一次巡查进展情况。（见图3—24）具体采取听取汇报、查阅资料、现场检查、座谈交流、随机走访等方式进行。同时，巡查组还当场抽查确定了现场检查项目名单。会后，巡查组一行实地察看了龙悦居保障房项目。

图3—24　住建部巡查组听取深圳保障性安居工程工作情况

（二十二）2014 年 12 月 1 日，**深圳安居房公租房轮候申报"两库合一"**

从 12 月 1 日起，深圳正式启用"深圳市保障性住房统一轮候系统"，市民轮候申报安居房和公租房将实现同一平台。此前使用的申报系统，于 11 月 29 日起停止使用。

新系统启用后，安居型商品房和公共租赁住房轮候申请将实现"五个同一"，即同一申请平台、同一受理窗口、同一工作流程、同一组织机构、同一咨询电话。

新系统将为申请人提供以下便利：一是首次注册的申请人可自行预约任一区局窗口办理安居型商品房或公共租赁住房轮候申请业务（信息变更除外），实现保障性住房申请业务"同城同办"；二是申请人补充申请轮候安居型商品房或公共租赁住房时，已提交过的申请资料不需要重复提交；三是对不影响申请条件的信息可直接登录新系统在网上自行修改；四是合并安居型商品房和公共租赁住房的受理窗口；五是未违反计划生育（超生）政策的，在轮候申请时无须提交计划生育证明材料。

（二十三）2014 年 12 月 26 日，**北上广深四大城市将试点保障房房地产投资信托基金**

住房和城乡建设部初步确定北上广深试点保障房房产信托基金。住建部此次试点范围初步定于租赁性保障房，其目的便是通过已建成的保障房资产证券化，盘活存量资产，提供后续建设资金，也可以使地方政府在保障房建设管理中承担的"无限责任"变为"有限责任"，有效解决租赁型保障房资金短板。住建部初步确定北京、上海、广州、深圳四个特大城市房地产投资信托基金试点方向，试点范围定于租赁性保障房，持有型商业不在试点范围中。目前北上广深四市初步方案已上交住建部。它将通过已建成的保障房资产证券化，盘活存量资产，提供后续建设资金。

2014 年以来，鉴于保障房供应套数创历史新高，保障房后续管理形势日益严峻，深圳市住房和建设局依法加大对住房保障违法违规行为的查处力度，共举行保障房违规处罚听证会 89 场，处罚家庭

290 户，罚款 521.67 万元；收回保障性住房 557 套，依法清理追缴 1047 户欠租人租金，收回租金 231 万元。为切实做好保障性住房售后管理工作，深圳市住房和建设局采取日常巡查与重点调查相结合、定期（每年一次）统一全面排查保障性住房家庭另购商品房情况等措施，加大对住房保障违法违规行为的查处力度。2015 年 2 月 17 日深圳市依法收回保障房 557 套。

第四章

堡垒自爆　深圳住房公积金
改革优势后发

一　深圳住房公积金"堡垒传说"

通常，在谈到住房公积金制度实施时，人们总是会说深圳是中国大中城市中最后一个实施住房公积金制度的城市，也有人戏称深圳是我国住房公积金"最后的堡垒"。其实，这种说法只说对了一部分，更多的是谬误或戏谑。

住房公积金制度在我国是上海于 1991 年率先确立，随后其他城市跟进。1994 年 7 月，《国务院关于深化城镇住房制度改革的决定》（国发〔1994〕43 号）明确要求全国全面推广住房公积金制度。同年 11 月，财政部、国务院住房制度改革领导小组、中国人民银行制定了《建立住房公积金制度的暂行规定》（财综字〔1994〕126号），对住房公积金的定义、缴存、支付、使用及管理等方面做了进一步的规定，以促进住房公积金制度向全国推广。至此，住房公积金制度全面推广。截至 1998 年年底，住房公积金制度已扩大到全国 231 个地级以上城市，437 个市、县。全国住房公积金缴存总额达到 1231 亿元，发放住房公积金贷款 830 亿元。

深圳事实上在 1992 年已经建立了住房公积金制度，在深圳市颁布的《深圳市社会保险暂行规定》（深府〔1992〕128 号）和《深圳市社会保险暂行规定职工养老保险和住房公积金实施细则》（深府〔1992〕179 号）中，以地方规章形式规定了公积金的覆盖范围、专项管理、缴存对象和比例、住房公积金优惠利率、住房抵押贷款等，由原深圳市社保局负责实施和管理。该制度的主要规定是，企业按照职工月工资额的 13% 为职工缴纳住房公积金，职工个人不缴纳，职工购房时可提取该住房公积金，购房后住房公积金可以不缴纳，随工资发给职工。同时，深圳市还规定职工购房时可以从本人的养老保险个人账户中借贷，但由于诸多原因，此借贷项目一直没有实施。至 2005 年年底，深圳市住房公积金累计征集收入 23.85 亿元，累计支出 13.60 亿元。

可见，深圳的住房公积金制度有别于上海和全国其他城市的制度规制，主要区别在于：一是没有贷款功能；二是单位缴交，个人不承担缴交义务；三是基本没有通常住房公积金所具有的缴交人之间的互助功能。正是由于是"土政策"的"另类"，人们往往误以为深圳没有住房公积金制度。

二　深圳住房公积金制度改革问题的提出

深圳住房公积金制度的建立，事实上远远在国内很多城市之前。何以该项制度长期停滞不前，而且在公积金改革中"起个大早赶个晚集"，原因主要包括三个方面：一是住房公积金制度创立初衷主要是解决住房建设资金不足问题，而深圳并无这方面的渴求；二是深圳是我国改革开放的前沿，市场经济发达，商品房市场运行平稳，也是全国最早开展房改的城市，住房主要是通过市场化的方式解决；三是基于稳定投资环境，减轻企业负担考虑。由于深圳住房公积金改革缺乏内在推动力，国家也无强制要求，因此深圳住房公积金制度改革虽屡屡有人呼吁，但结果总是被高高挂起，"只听楼梯响，不见人下来"。

深圳住房公积金制度改革问题的提出，源于 2005 年 9 月，深圳市劳动和社会保障局向市政府提交了《关于取消现行住房公积金制度的请示》。提出改革，主要是基于深圳制度与国务院 1999 年颁布施行并于 2002 年修改后的《住房公积金管理条例》比较，已经出现和即将面临以下突出矛盾和问题：

（一）法律规范冲突问题

深圳市原有的住房公积金制度是以地方规章形式规定的，许多内容均与国务院制定的《住房公积金管理条例》相冲突（层级冲突或纵向冲突）。根据我国《立法法》的规定，此属下位法违反上位法规定的情况，国务院有权改变或撤销深圳市住房公积金的相关规定。另外，户籍人员、非户籍人员按照国家的规定均应享受住房公积金政策，而深圳市只有部分户籍职工享受到该政策，部分户籍职工及非户籍人员却没有享受到，这就可能引发群体上访、诉讼事件，从而危害社会的稳定，影响社会的和谐发展。

（二）税收问题

因为深圳市原有住房公积金制度的特殊性，仅适用于本市常住户口的企业固定职工和合同制职工，为此深圳市不得不建立与税法要求不相符合的个人住房费用扣除办法，即采用住房补贴的形式，也允许扣税。这在深圳市住房公积金制度尚未完善之际，确是一种实事求是、因势而动的应对之策，但却违背了税法规定。审计署特派员办和财政部专员办已多次要求深圳市地税局进行整改。国家个人所得税法及其实施细则进一步完善后，国家规定所有的免税项目均要统一上报，所以深圳市的住房补贴免税的政策难以继续进行下去。

（三）机关事业单位住房补贴问题

国家人事部结合《公务员法》已对各地公务员工资构成进行清理，深圳市机关事业单位普遍实行的是住房补贴制度，而不是全国比较通行的住房公积金制度，这就面临着该补贴是否可以保留的问题。如果该补贴被取消，对深圳市机关事业单位职工的工资收入影响将较大。

（四）非户籍员工住房公积金问题

深圳市于1992年颁布实施的《深圳市社会保险暂行规定》（深

府〔1992〕128号）中规定，深圳市职工住房公积金的规定适用于有本市常住户口的企业固定职工和合同制职工，住房公积金的对象是户籍职工，没有覆盖非户籍务工人员。但多年来深圳市实际管理的1300多万人口中80%以上是非户籍人员，他们同样有着正常的居住要求。实际情况是，非户籍务工人员中绝大部分属于中低收入阶层，难以完全依靠住房市场实现自己的合理住房要求，因此，有必要研究扩大深圳市住房公积金缴纳范围，建立非户籍务工人员住房公积金制度，为深圳市非户籍务工人员住房条件改善提供政策性住房金融支持。

（五）管理体制对接问题

深圳市没有按照国家有关规定设立专门的住房公积金决策机构和相对独立的住房公积金管理机构，住房公积金由社保部门代管，与国家规定的管理体制难以对接。

（六）住房公积金作用发挥问题

一直以来，深圳市没有按照国家有关规定开展住房公积金住房抵押贷款等政策性住房金融业务，并且住房公积金规模小，除了给职工工资一定补贴外，效用不大，难以有效发挥住房保障和政策性住房金融的功能。

概括而言，深圳原有的住房公积金制度偏离国家政策，没有发挥政策性住房金融的作用，尚未真正成为深圳市住房保障体系的重要环节，并且不能有效应对国家税制改革，导致职工个人负担加重，同时单位不按规定为职工缴存住房公积金容易引发新的纠纷，产生新的社会矛盾，深圳原有的住房公积金制度已经远远不能适应现实和发展的需要，引发了一系列问题，而取消该制度的途径难以走通。因此，有必要对深圳市原有的住房公积金制度进行全面梳理和改革，重新构建深圳市住房公积金管理体制。

反映问题的报告上呈后，市政府基于当时深圳经济增长放缓、产业转型压力巨大，对该项改革持谨慎态度。深圳市政府办公厅在征求深圳市国土房产局及法制办、财政局的意见并报请市政府有关领导批示后，要求由深圳市国土房产局牵头，市相关单位参加，就深圳市住房公积金制度进行专题调研论证，提出可供决策的意见和改革方案报市政府研究决定。由此，深圳住房公积金制度改革从调研开始拉开了序幕。

链接：
我国住房公积金制度历史与现状

1. 国内住房公积金制度发展历程

1991 年，在住房改革遇到严重的资金问题时，时任上海市市长朱镕基主持上海房改政策，为破解如何为职工住房投资与消费资金提供一个稳定、长期和廉价的来源这一改革的核心难题，借鉴新加坡中央公积金制度的经验，推出了住房公积金制度，并及时为中央政府所采纳，成为全国性政策。

1992 年，北京、天津、南京、武汉等城市相继试行符合本地实际的住房公积金制度。1993 年年末全国有 131 个城市建立住房公积金制度，覆盖全国地级城市的 60%，归集住房公积金110 亿元。

1994 年 7 月，国务院在总结上海等城市实施住房公积金制度经验的基础上，颁布了《国务院关于深化城镇住房制度改革的决定》（国发〔1994〕43 号），正式肯定了住房公积金制度在城镇住房制度改革中的作用，要求全国全面推广住房公积金制度。同年 11 月，财政部、国务院住房制度改革领导小组、中国人民银行制定了《建立住房公积金制度的暂行规定》（财综字〔1994〕126 号），对住房公积金的定义、缴存、支付、使用及管理等方面做了进一步的规定，以促进住房公积金制度向全国推广。截至 1998 年年底，住房公积金制度已扩大到全国 231 个地级以上城市，437 个市、县。全国住房公积金缴存总额达到1231 亿元，发放住房公积金贷款 830 亿元。

1999 年 3 月，国务院第 15 次常务会议审议通过了《住房公积金管理条例》（以下简称《条例》），并以中华人民共和国国务院令第262号发布实施，标志着中国住房公积金制度正式进入法制化、规范化发展的新时期。《条例》对公积金的覆盖面、使用范围、增值收益的用途、风险防范、处罚措施等进行了规范，并把主要使用方式从建设贷款调整为个人贷款。

2002年3月，《国务院关于修改〈住房公积金管理条例〉的决定》（中华人民共和国国务院令第350号，以下简称《决定》）进一步扩大了住房公积金的缴存主体，增加了同级财政部门以及中国人民银行的分支机构等监管部门，完善了管理机构。

从2003年开始，按照《条例》的有关规定，原建设部和后来的住房和城乡建设部会同国务院有关部委，本着"管委会决策、中心运作、银行专户、财政监管"的管理体制，先后制定了40多个配套文件，住房公积金制度得到进一步完善。

截至2015年年底，全国共设立住房公积金管理中心342个。有102个住房公积金管理中心完成了事业单位分类改革，其中，公益一类事业单位88个，公益二类事业单位14个；240个住房公积金管理中心尚未实施事业单位分类改革，其中，参公管理事业单位116个，一般事业单位124个。未纳入设区城市统一管理的分中心175个。其中，省直分中心24个，县（市、区）分中心68个，石油、电力、煤炭等行业分中心83个。全国住房公积金管理机构从业人员3.94万人。其中，在编2.61万人，非在编1.33万人。

"十二五"期间，住房公积金缴存额56970.51亿元，年均增长15.74%。期末缴存余额比"十一五"期末增长129.63%（见图4—1）。

"十二五"期间，发放个人住房贷款1158.04万笔，34761.04亿元，年均分别增长18.01%、30.40%。期末个人住房贷款余额比"十一五"期末增长201.52%。个贷率从"十一五"期末的61.53%提高到"十二五"的80.80%（见图4—2、图4—3）。

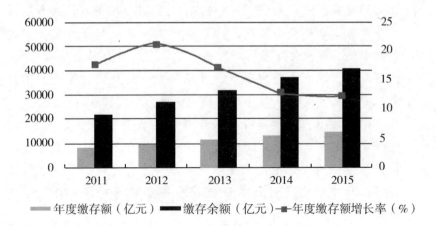

图4—1 "十二五"全国住房公积金缴存情况

资料来源:深圳市住房研究会整理。

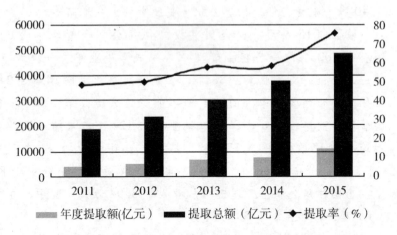

图4—2 "十二五"全国住房公积金提取情况

资料来源:深圳市住房研究会整理。

2. 国内住房公积金制度的作用和存在的问题

分析国内住房公积金制度的发展历程可知,我国住房公积金制度建设、管理和监督在不断完善,制度由最初以解决住房投资短缺为主,逐步向解决住房消费融资转型,并在支持住房消费和服务住房保障过程中发挥了积极的作用,具体表现在:

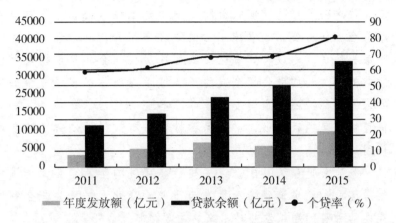

图4—3　"十二五"全国个人住房贷款发放情况

资料来源：深圳市住房研究会整理。

（1）有效地推动我国城镇住房制度改革。住房公积金制度的实施，使得住房建设投资改变为国家、单位和个人合理负担的体制，并为1998年以来住房分配从实物形式向货币形式转变奠定了坚实的基础，有效地推动了我国城镇住房制度改革。

（2）为职工个人住房资金累积建立提供支持。通过住房公积金这种既有强制又有互助形式的长期专项储蓄制度来归集住房资金和转变住房分配机制，与直接提高职工个人工资、增发住房补贴相比，具有更高的社会与经济效益，有利于职工养成为住房消费进行长期专项储蓄的习惯，有效地提高职工住房消费能力，并且通过互助形式来实现大规模资金的归集。

（3）对住房金融的产生和发展发挥了促进作用。住房公积金的创立，不仅加快了建立国家、集体、个人三结合筹资建设住宅相关机制的步伐，也是在我国以现代信贷形式来提高居民解决住房能力的初步尝试，是中国住房金融体系的重要组成部分。同时，住房公积金的创立，培育了政策性住房抵押贷款制度，并为个人商业住房抵押贷款起步积累了宝贵的经验，在我国住房金融发展历史上具有承前启后的重要意义。

（4）为保障性住房建设提供了重要资金支持。《条例》规定，住房公积金的增值收益除了用于建立住房公积金贷款风险准备金、住房公积金管理中心的管理费用外，其余部分作为城市廉租住房的建设补充资金。随着住房公积金积累规模及增值收益的增加，住房公积金成为了各城市廉租住房建设资金的重要来源，住房公积金制度对于建立和完善住房保障体系，加快保障性住房项目建设，增加保障性住房有效供给发挥了重要的作用。

但是，随着我国社会经济和社会环境的不断变化，居民的住房需求和住房消费情况也发生了较大变化，住房公积金制度存在的种种问题越发凸显出来。主要概括为以下几个方面：

（1）制度设计

第一，受惠群体问题。建立住房公积金主要目的是推动城镇住房制度改革，促进以市场机制解决职工住房问题，从而限定了制度的覆盖面，使住房公积金受惠群体和资金归集规模受到约束。

第二，公平性问题。由于住房公积金制度具有长期性、强制性，而公积金缴存含有单位缴存部分，这就为国有企事业单位谋求个人利益输送留下缺口空间，造成收入分配二次不公，有违社会公平正义。

第三，自愿性问题。制度的强制性虽然为制度建立和存续起到了重要作用，但是有违互助型制度的"自愿性"原则，也没有考虑到低收入群体的实际愿望。

第四，定位不清问题。公积金管理机构性质定位不清，行住房金融之事，无金融机构之实，运作成本高，效率低。

第五，多头管理问题。住房公积金机构业务上归住建部门管理，金融管理又受到人民银行、银监会的监管，造成多头管理和监管，产生缺位、错位、混乱在所难免。

第六，风险管控问题。住房公积金管理和监管体系资金风险缺乏有效管控机制，缺乏兜底机制，风险实际上由缴存人埋单。

第七，不公平竞争问题。住房公积金低息贷款与商业银行住房贷款产生不公平竞争，既不利于金融业发展，又不利于维护金融秩序、掌控信贷规模、防范金融风险，也不利于存贷款利率市场化、金融产品创新等金融改革。

第八，缺乏吸引力问题。住房公积金制度的优惠政策仅限于对单位和个人缴存公积金的增值税（营业税）和个人所得税减免，对于公积金缴存人购房、租房相关税赋并无任何优惠政策，国家在住房公积金制度上的支持力度偏低，缺乏对住房消费行为的有力支持，住房公积金制度缺乏吸引力。

第九，公积金归属问题。住房公积金作为职工缴存的住房储金，由住房公积金管理中心实施运作，职工按规定缴存住房公积金的，即丧失了对住房公积金直接占有、支配的权利，住房公积金归属缴交职工所有值得存疑。

第十，缴存双方关系问题。住房公积金缴交人与公积金管理中心究竟是何种关系？住房公积金风险如何管理控制？法规虽有规制，但站在不同角度，往往有不同的解读。

第十一，法律冲突问题。从法制建设角度而言，公积金制度不仅存在与同级别法规衔接问题，也存在与上位法相冲突的问题。如对照《婚姻法》《继承法》，关于公积金及其收益财产分割未明确规制。

（2）运行效果

第一，住房公积金缴存额差距大。制度虽然对缴存基数和比例上下限作了规定，但各地城市在实践中往往结合本地实际，对缴存比例和缴存基数作了具体的规定，由此也形成了住房公积金最高与最低缴存额的悬殊差距，使得住房公积金制度已然成了拉大收入差距的政策措施，违背了我国收入分配制度改革的总体导向。

第二，住房公积金贷款额度不足。住房公积金贷款现行最高额度未能满足广大普通职工（特别是高房价一线城市）的实际需求，而且根据各主要城市住房公积金贷款政策，广大中低收入等群体绝大部分不具备贷款资格，实质上是中低收入群体为高收入群体提供了"逆向补贴"，存在"劫贫济富"之嫌，形成了马太效益。

第三，住房公积金资金趋于贬值。考虑货币时间价值以及通胀等因素，按照公积金现行利率计息，在不提取、不使用状态下职工缴交的住房公积金必然"缩水"，造成缴交人利益损失，直接影响缴交人的积极性，不利于住房公积金制度的可持续发展。

（3）管理及监管

第一，资金使用管理问题。住房公积金在运行工程中，逐渐暴露出配贷机制不公、资金沉淀严重、资金流动性不足等问题。

第二，增值收益使用管理问题。对照《条例》，住房公积金制度在资金收益分享时排斥所有者（缴交人）收益权利，处分时限制或者排除职工参与处置的权利，增值收益使用安排中未对缴交人"利益损失"作出相应补偿。

第三，管理机构服务效率问题。部分住房公积金管理中心仍存在官僚主义、形式主义、享乐主义和奢靡之风"四风"问题，未能从群众切身利益角度出发，总体服务效率不高。

第四，监督体制机制问题。体制上的壁垒、管理上的障碍，操作上的困难，加之公积金所有者无发言权，更无资金管理、监督和决策权，使得住房公积金不免陷入泛行政化怪圈，呈现的是管理运作效率偏低，社会质疑和责难之声时有发生。

三   深圳住房公积金制度改革调研论证

按照市政府要求，深圳住房公积金制度改革的调研要着力解决三个方面问题：一是国内公积金制度存在的种种问题，已经严重影响了公积金制度的实施效果。深圳是否应该沿用全国的模式。二是深圳住房公积金制度改革是否会加重企业负担，影响经济发展。三是切实摸清社会各界，尤其是企业、专家、学者等对深圳住房公积金改革的态度。理论要充分论证，操作上要切实可行。

　　2005年年底，深圳市国土房产局牵头成立了课题组，开展了《深圳市住房公积金制度综合改革研究》工作，并委托专业机构组织专家在全市进行了广泛调研。

链接：
《深圳市住房公积金制度综合改革研究》调研方案

一、调研目的

　　1. 了解国内典型城市住房公积金制度运作模式和经验，为形成我市住房公积金制度改革提供借鉴和参考。

　　2. 了解适合我市机关事业单位住房公积金的缴交额度、方式及比例。

　　2. 了解企业对住房公积金改革的态度和对企业的经济影响问题。

二、调研内容

　　（一）国内典型城市调研内容

　　1. 典型城市的住房公积金制度建立和发展过程及所遇到的问题。

　　2. 典型城市的住房公积金制度缴交规模、缴交比例及额度要求和确定的依据。

　　3. 典型城市的住房公积金管理运作模式。

　　4. 典型城市的住房公积金贷款政策。

　　5. 典型城市暂住人员的住房公积金的执行情况。

　　（二）我市机关事业单位住房公积金专项调研

　　机关事业单位职工住房补贴转住房公积金的相关测算。即根据目前各级别机关事业单位工作人员平均工资水平状况，确定合适的缴交额度、方式及比例。

　　（三）市内企业的调研内容

　　1. 不同类型企业及职工对建立住房公积金制度的态度。

　　2. 建立住房公积金制度对不同类型企业的经济影响。

三、调研方案论证

市内企业住房公积金制度综合改革调研，拟设定具体方案及调查问卷，聘请专家论证调研方案的可行性，并报经统计局批准后实施。

四、调研的具体方式

（一）典型城市调研方式

选取实行住房公积金制度较为典型的城市，如上海、南京、北京、广州等地，组织工作人员到这些典型城市进行考察，学习其住房公积金制度。

（二）我市机关事业单位专项调研

课题组联合市人事局、地税局、财政局共同按照目前各级别机关事业单位工作人员平均工资水平状况，确定合适的缴交额度、方式及比例。

（三）市内企业调研方式

1. 邀请外商投资企业协会、国资委、市总商会、深圳市中小企业发展促进会及代表企业参加意见征求会，了解他们所代表的行业或企业的发展现状，效益好的企业、一般的企业、较差的企业经营现状，对于住房公积金制度改革的态度和建议，并听取他们对在我市企业进行问卷调查的意见。

2. 组织开展对我市企业的抽样问卷调查，对我市各类型企业进行信息数据收集，包括以下几个方面：

第一，对各类型企业按照企业类型、营业收入总额作为基本指标分类选取样本。

第二，了解企业的盈利状况、企业所得税的缴交额度，如果实行住房公积金制度，则企业的缴交比例为5%—20%，企业可以在缴交住房公积金的额度内免税。

第三，将企业员工按高级管理人员、中层管理人员及一般企业员工，户籍人口和暂住人员等进行分类，对其工资构成、有无住房公积金或其他的住房补贴形式、住房情况及住房意愿等内容进行调查。

第四，调查实行住房公积金制度对企业产生哪些影响，尤其是对企业的投融资的资金、企业的盈利情况、人力资源及长期的经营和发展等方面的影响。

第五，调查企业实行住房公积金制度的意愿，以及在住房公积金缴存对象、缴存比例、缴存基数等方面的意见。

3. 对调查问卷进行科学分析，得出相应结论。

五、调研的时间安排

（一）国内典型城市调研时间安排

从 2006 年 6 月至 2006 年 7 月。

（二）我市机关事业单位专项调研

2006 年 4 月底前完成。

（三）市内企业调研安排

从 2006 年 4 月 18 日至 2005 年 5 月 20 日。

六、调查调研整理工作

在完成调查调研工作后，课题组将组织人员对有关数据进行认真对比分析，比较准确地掌握我市公积金制度改革的基础情况。

经过三个月的准备，调研工作 2006 年 4 月展开，至年底方全面完成。在充分调研的基础上，经过一年多的综合研究论证，课题组提交了《深圳市住房公积金制度综合改革研究报告》和《深圳市住房公积金制度改革初步方案》。主要内容如下：

（一）要解决当前面临的问题和矛盾必须对住房公积金制度进行改革

面对深圳住房公积金制度存在的问题和矛盾，有两个解决途径：一个是根据市劳动保障局的意见取消该制度，另一个是对现行该制度进行深层次的改革。取消住房公积金制度，可能有助于暂时回避目前的一些问题，但是，问题不会得到最终解决，并且将会产生更多的矛盾：

第一，深圳取消住房公积金制度，不执行国务院颁布的行政法规及其他规范性文件的规定，违背了依法行政和法律体系一性的原则；第二，住房公积金制度是一种重要的住房保障制度，如果取消该制度，将增大中低收入家庭购房的负担，降低职工工资中的住房消费含量，同时也不利于住房货币化改革等工作的开展；第三，取消住房公积金制度，势必造成人才向其他城市流动，将对深圳的长远发展非常不利；第四，由于一定比例的住房公积金免于征收个人所得税，如取消住房公积金制度，则职工税负偏重的问题将在全国范围内凸显。因此，取消住房公积金制度应慎之又慎。

从另一角度看，现阶段深圳执行的住房公积金制度偏离国家政策，没有发挥政策性住房金融的作用，尚未真正成为深圳住房保障体系的重要环节，并且不能有效应对国家税制改革，导致职工个人负担加重，同时单位不按规定为职工缴存住房公积金容易引发新的纠纷，产生新的社会矛盾，深圳现行的住房公积金制度已经远远不能适应现实和发展的需要，引发了一系列问题，而取消该制度的途径难以走通。鉴于此，有必要对深圳现行的住房公积金制度进行全面梳理和改革，重新构建深圳住房公积金管理体制。

（二）深圳住房公积金制度改革基础条件基本成熟

本次调研通过问卷调查和召开座谈会的形式对不同类型的企业和企业职工进行了调研。调研分为两个部分四个层次，两个部分是指分别对企业和企业职工设计不同的问卷进行调查，四个层次是指：一是由专业调查公司协助完成职工的问卷调查；二是按照企业的性质分类，在市国资委、市中小企业发展促进会、市外商投资企业协会等单位协助下向企业发放了问卷；三是选取了我市四大支柱产业高新技术产业、物流产业、金融产业、文化产业的代表性行业协会——市国内银行同业公会、市物流与采购联合会、市高新技术产业协会和市影视动画行业协会等，由其协助向会员企业发放问卷；四是从列于 2005 年"深圳市百强企业"前十位的企业中选取了典型企业，如富士康、华侨城、华为、联想、平安、中集、中兴集团等大型企业，通过召开座谈会的形式进行专项调查。调查时向各被调查企业发出调研公函，并要求各企业的主管负责人填写，让企业最高领导盖章，保证了问卷的真实性、可靠性。从调研情况看：

1. 企业及企业职工对住房公积金改革普遍持积极态度

从调查数据来看，企业对于深圳全面实施住房公积金制度改革，表现出了积极的态度，91.90%的企业赞同实施住房公积金制度。职工对住房公积金制度改革的态度与企业类似，没有表示反对意见的占96.80%。

2. 住房公积金制度改革对深圳经济发展具有促进作用

调查数据显示，企业普遍认为实施住房公积金制度带给企业的正面影响要大于负面影响，对深圳的经济发展具有促进作用。从城市的经济发展视角来看，实施住房公积金制度带来的影响主要集中在四个方面：第一，对城市整体环境的影响，87%的企业认为不会导致企业经营的社会积极环境变坏；第二，对企业经营状况的影响看法以正面影响为主，比较积极的看法累积占比61.70%；第三，对人力资源的影响，87.60%以上的企业均认为，实施住房公积金制度可以帮助企业吸引人才，稳定员工队伍；第四，融资影响，91.8%的企业认为实施住房公积金制度对投融资没有消极影响，可因企业对人才吸引力的增强而积极扩大投资规模。

3. 深圳企业实施住房保障政策已有相当基础

调查数据显示，目前深圳企业为职工提供的住房保障为现金补贴、提供租用宿舍、提供公司公寓或宿舍三种主要方式，其中以现金补贴占比最高，其他依次递减，企业提供的三种主要住房保障累积占比74.38%。这几项与职工反映的住房保障情况基本一致。同时，职工住房保障不平衡的现象严重，深圳目前总共有64.64%的职工享受到企业为其提供的不同形式的住房保障。

（三）深圳建立住房公积金制度具有重大意义

1. 实施住房公积金制度有益于企业及其职工

从企业角度来讲，为职工缴纳住房公积金有利于为员工提供更多的福利保障，提升企业的凝聚力，增强企业对所需人才的吸引力，从而可以为加快引进高层次和急需人才创造条件。同时，职工和个人缴交的住房公积金在一定比例内是可以免税的，可以此减轻企业税负。从职工个人角度来讲，全面推行住房公积金制度后，我市广大职工能够在房价日趋高涨的情况下，利用住房公积金这个政策性住房金融工具，申请政策性住房优惠贷款，提高购房能力，并且还能按照国家税务部门有关规定享受免征个人所得税和利息税等税收优惠政策。

2. 住房公积金改革对深圳投融资环境影响利大于弊

住房公积金制度改革对深圳经济环境尤其是对投融资环境的影响是备受关注的一个问题，分析调查数据，虽然实施住房公积金制度可能会增加部分企业的成本负担，影响部分企业的短期经营状况，但是对大部分企业来说实施住房公积金制度均是利大于弊的。原因主要有：一是目前国内除深圳外各大中城市均建立了比较完善的住房公积金制度，因此，不能说深圳建立住房公积金制度就一定会对经济环境、投融资环境造成影响。二是住房公积金制度能对企业留住人才，稳定职工队伍发挥着重要的作用。调查显示超过50%以上的职工在选择工作时会考虑工作提供方是否为其缴纳住房公积金，只有不到10%的人不会考虑。三是住房公积金制度规定了企业在符合条件的情况下，可以申请缓缴、免缴住房公积金，不会给企业带来过重负担。四是企业以获取利润为第一目标，但同时也应当承担一定的社会责任。为职工缴纳一定比例的住房公积金，改善职工住房条件是每个企业应尽的社会责任，是国家法规明文规定的，作为现代企业应当承担起这样的社会责任和义务。

3. 住房公积金制度对于加强住房保障工作有重大利好

从政府角度来讲，目前，推行住房公积金制度是我国各级政府住房保障工作的一个重要方面，是现阶段我国深化住房分配货币化改革的重要内容。在深圳推行住房公积金制度有利于加强政府的住房保障能力，有利于促进住房分配货币化改革工作，同时，政府将能管理相当数额的住房专项资金，在一定程度上还会增加调控住房市场的政策手段和工具。另外，按照国家《住房公积金管理条例》的有关规定，住房公积金的增值收益部分的使用由当地的住房公积金管理委员会进行决策，可用于解决特困家庭廉租房等用途，这能够进一步拓宽解决特困家庭廉租住房的资金渠道。

根据《深圳市住房公积金制度综合改革研究报告》，课题组结合深圳市实际提出了"深圳市住房公积金制度改革初步方案"。提出了两个方案，并进行了深度分析。

方案一 ——按照国家和广东省有关规定，全面推行住房公积金制度

1. 基本思路

根据国家和广东省有关规定，制定深圳住房公积金管理办法。基本按照国家、省和相关部门对住房公积金管理的各项要求，采用住房公积金管理委员会决策，住房公积金管理中心运作，银行专户存储，专款专用，财政监督的模式运作。

在住房公积金的决策、管理机构的设置，住房公积金的缴存对象、缴存基数、缴存比例，住房公积金的使用范围、途径，住房公积金的金融业务等方面均遵循国家和广东省的相关规定。

2. 可行性分析

（1）有利方面

从总的方向上看，全面推行住房公积金制度是保持了与国家、省有关政策规定的一致性，能从制度上填补深圳在国家《住房公积金管理条例》颁布后一直没有对之前执行的住房公积金制度做出相应调整的空白，避免因执行深圳现行住房公积金制度而引发不依法行政的诉讼和纠纷。

（2）可能存在问题及分析

第一，住房公积金补、追缴的问题。按照国家和省里有关规定，单位从未缴存住房公积金的，原则上应当自《条例》（国务院令第262号）发布之月起，补缴所欠住房公积金。单位未按照规定的职工范围和标准缴存住房公积金的，应当为职工补缴。因此，如果完全按照本方案，深圳目前所有的机关、企业、事业单位、民办非企业单位和其他社会团体都存在为职工补交住房公积金的法律风险。

第二，住房公积金管理机构问题。按照国家有关全面强制推行住房公积金制度，首先便是要设立专门的住房公积金管理中心这样一个管理机构，负责住房公积金的管理运作。而且，该中心成立和运作必然涉及事业编制和管理费用问题，对此有必要统筹考虑。当然，按照国家规定，公积金管理中心属于自筹自支事业单位，设立并运作这样的机构并没有太大困难。

第三，已购住房居民继续缴存公积金积极性问题。按照国家有关规定全面推行住房公积金制度，还可能会遇到的一个问题就是，如何针对深圳大部分户籍城镇居民在已经通过购买房改房、经济适用住房或购置商品房等方式基本解决住房问题后，继续保持他们缴存住房公积金的积极性。对此，课题组认为，住房消费是长期性的，通过施行已购房职工可以利用住房公积金进行再次置业、翻建、大修房屋等措施，应该还是能够保持他们按照规定继续缴纳住房公积金积极性的。

（3）可行性结论

此方案充分维护了我国法律体系的一致性、和谐性，操作上也具有简单易行的特点，但是最大的问题是，可能带来住房公积金的补、追缴的法律风险。如果采用此方案，则一方面，没有享受到住房公积金政策的部分户籍职工及广大的非户籍职工为维护自身权益，可能会发生群体上访、诉讼的事件，导致社会秩序的混乱，影响社会的和谐发展；另一方面，从1999年国家住房公积金管理条例颁布始追、补缴住房公积金至今，深圳财政、企业等均不堪重负，对深圳的发展极为不利。

方案二 —— 在与国家公积金管理法规的基本原则保持衔接的前提下，充分结合深圳市情提出变通方案，并以特区立法形式加以明确

1. 基本思路

在与国家住房公积金管理制度大的原则保持一致的基础上，结合深圳实际情况，通过特区立法并适当采用变通的措施及办法，对深圳住房公积金管理制度加以重新确立，制定《深圳经济特区住房公积金管理条例》。

2. 具体内容

具体来说，与国家住房公积金管理规定主要可能有以下不同之处：

（1）非户籍职工的住房公积金缴存、提取

由于深圳户籍职工和非户籍职工比例严重倒挂，因此在制定政策时应充分考虑非户籍职工的权益。针对非户籍职工，考虑根据企业能否为职工提供符合基本居住标准的住房，分为：企业能够免费或以优惠租金为非户籍职工提供符合规定的基本居住标准住房的，实行企业自愿缴纳住房公积金；否则，企业一律按照不低于最低住房公积金缴纳比例为非户籍职工缴纳住房公积金，职工个人同时缴纳同等比例住房公积金。

非户籍职工购买自住住房或者在户口所在地购建自住住房的，可以凭购房合同、用地证明及其他有效证明材料，提取本人及其配偶住房公积金账户内的存储余额。与单位终止劳动关系并离开深圳市的，也应考虑他们提取住房公积金的需要。

（2）机关事业单位离退休干部职工的住房公积金缴纳问题

按照国家住房公积金管理有关规定，职工在离休、退休时可以提取住房公积金，同时注销职工住房公积金账户，拟研究将机关事业单位离退休干部职工离退休之前由单位缴纳住房公积金，在离退休之后转为在离退休金中直接支付住房补贴的方式。

（3）住房公积金管理特区立法及配套文件制定

在与国家和广东省住房公积金管理工作大的原则相衔接的前提下，由市国土房产部门牵头并联合相关职能部门，结合深圳实际情况，起草制定特区住房公积金管理法规——《深圳经济特区住房公积金管理条例》及其实施细则，重新构建深圳住房公积金管理体制，并报市人大审议实施，同时制定相应的配套文件，如公积金住房抵押贷款管理办法等，全面推行住房公积金制度。

3. 可行性分析

（1）通过特区立法，可以合理解决前述方案一所提及的深圳住房公积金补、追缴的法律风险，从而弱化各方矛盾，顺利推进住房公积金制度的运行。

（2）从另一个角度而言，国家在1999年就建立了住房公积金制度，此后全国各大中城市也相继建立此制度，深圳晚于其他城市真正推行此制度，更应制定先进的、符合实际情况的法律制度，而不仅仅是对国家、广东省的相关规定的简单照搬实施。因此，第二个方案更加切合深圳市的立法实际。

（3）根据深圳的实际情况进行特区立法具有重要的现实意义，是建设和谐深圳、效益深圳的重要举措，是全面贯彻落实"以人为本"科学发展观的必然要求。

在比较两个方案的利弊后，课题组建议采用第二个方案，并在此方案的基础上提出了相关的政策建议。建议主要包括：

1. 深圳市住房公积金管理决策、运作机构

设立深圳市住房公积金管理委员会，作为住房公积金管理的决策机构，住房公积金管理委员会的成员中，人民政府负责人和建设、财政、人民银行等有关部门负责人以及有关专家占 1/3，工会代表和职工代表占 1/3，单位代表占 1/3。设立市住房公积金管理中心，负责住房公积金的管理运作。该中心是直属市人民政府的不以营利为目的的独立的事业单位。

另一种模式是增加深圳房屋委员会的职能，由市房屋委员会作为住房公积金的决策机构，但同时适当调整市房屋委员会的成员构成。在设立全市住房公积金管理中心的同时，在市国土房产局增设住房公积金监管处或者增加住房公积金监管职能，并作为市住房公积金管理委员会的日常工作机构。

2. 住房公积金缴交对象

住房公积金缴交对象首先包括 2002 年新修订的国家《住房公积金管理条例》，和 2005 年国家建设部、财政部、中国人民银行联合发布的《关于住房公积金管理若干具体问题的指导意见》中规定的缴交主体，即国家机关、国有企业、城镇集体企业、外商投资企业、城镇私营企业及其他城镇企业、事业单位、民办非企业单位、社会团体及其在职职工，该职工包括户籍和非户籍人员。另外，城镇个体工商户、自由职业人员可申请缴存住房公积金。

3. 住房公积金缴存基数

单位为职工缴存的住房公积金及职工个人的月缴存额均以职工本人上一年度月平均工资为缴存基数。职工月平均工资应按国家统

计局规定列入工资总额统计的项目计算。

缴存住房公积金的月工资基数，原则上不应超过职工工作地所在设区城市统计部门公布的上一年度职工月平均工资的 2 倍或 3 倍。

4. 住房公积金缴交比例

单位和职工按照工资基数的一定比例分别缴存住房公积金，缴存比例不低于 5%（国家规定），最高缴存比例不高于 20%（广东省规定）。对缴存住房公积金确有困难的单位，经本单位职工代表大会或者工会讨论通过，并经住房公积金管理中心审核，报住房公积金管理委员会批准后，可以降低缴存比例或者缓缴；待单位经济效益好转后，再提高缴存比例或者补缴。

5. 住房公积金的使用方式

职工有下列情形之一的，可以提取职工住房公积金账户内的存储余额：（1）购买、建造、翻建、大修自住住房的；（2）离休、退休的；（3）部分或全部丧失劳动能力，并与所在单位终止劳动关系的；（4）与所在单位终止劳动关系后，未重新就业满五年的；（5）户口迁出本市，迁入地未建立住房公积金制度的；（6）非本市户籍的合同工，与所在单位终止劳动关系的；（7）出境定居的；（8）偿还购房贷款本息的；（9）支付房租、物业专项维修资金、物业服务费等费用的；（10）职工享受城镇最低生活保障或遇到其他突发事件造成家庭生活严重困难的；（11）市住房公积金管理委员会按规定确定的其他住房消费。依照前款第（2）、（3）、（7）项规定，提取职工住房公积金的，应当同时注销职工住房公积金账户。

职工死亡或者被宣告死亡的，职工的继承人、受遗赠人可以提取职工住房公积金账户内的存储余额；无继承人也无受遗赠人的，职工住房公积金账户内的存储余额纳入住房公积金的增值收益。

6. 住房公积金的金融业务

住房公积金管理委员会按照中国人民银行的有关规定，指定受委托商业银行（简称受委托银行）办理住房公积金金融业务；住房公积金管理中心委托受委托银行办理住房公积金贷款、结算等金融业务和住房公积金账户的设立、缴存、归还等手续。住房公积金实行"低存低贷"，存贷利率执行国家规定的优惠利率。

四　深圳住房公积金制度改革出台

历经三年的调研、论证，市政府各相关部门酝酿反复，经深圳市政府常务会和深圳市委常委会批准，2009 年 6 月，深圳市政府发布了《深圳市住房公积金制度改革方案》（深府〔2009〕107 号），《方案》明确了深圳市住房公积金制度改革的指导思想、目标和基本原则，制定了深圳市住房公积金制度改革的体制保障，对住房公积金缴存主体、基数和缴存比例、金融业务、提取和使用做了原则规定，并对住房公积金制度改革进程及制度建设做了明确要求。

按照《方案》要求，2009 年 6 月—2009 年 12 月底，由深圳市国土房产局负责筹备成立市住房公积金管理委员会和市住房公积金管理中心；2010 年内，根据深圳市住房公积金制度改革工作的进展情况，市政府组织相关部门起草深圳市住房公积金管理法规（草案）或规章；比较出台政策和调研方案，深圳市委市政府基本接受了课题组的研究成果。

2010 年 2 月，根据深圳市编办下达的批复文件，深圳市住房公积金管理中心正式批复成立，公积金管理中心是深圳市政府直属事业单位，由机构改革后的深圳市住房和建设局代管，作为法定机构试点单位。自 2010 年 12 月起，市住房公积金管理委员会和市住房公积金管理中心正式运作。

2010 年 11 月 24 日，深圳市政府正式出台《深圳市住房公积金管理暂行办法》（深府〔2010〕176 号），2010 年 12 月 20 日，《暂行办法》正式施行。《暂行办法》确立了深圳市住房公积金制度主要用于支持职工基本住房消费的政策定位，明确了深圳市住房公积金的缴存主体、公积金的权属、管理运作模式、管理机构及其职责，对缴存、提取和使用、贷款等住房公积金业务做了详细规定。

2010 年 12 月 20 日，深圳市住房和建设局发布《深圳市住房公积金缴存管理暂行规定》，《缴存规定》进一步规范了公积金缴存对象、专办员、登记、账户设立、封存、转移、汇缴、缓缴、补缴、网上业务办理等公积金业务，使深圳住房公积金缴存工作从一开始就走上依法行事的轨道。

2011 年 7 月 19 日，深圳市住房公积金管理中心发布《深圳市住房公积金提取管理暂行规定》，《提取规定》详细规定了住房消费情形和提取额度、提取程序和证明材料等，保证了深圳市住房公积金提取工作在公开、透明、公正的环境下运行。《提取规定》在2013 年 9 月 1 日有效期届满后于 2013 年 9 月 6 日重新发布，到2014 年重新修订，于 2014 年 9 月 1 日颁布实施，有效期为 5 年。

2012 年 7 月 13 日，深圳市住房公积金管理中心发布《深圳市住房公积金贷款管理暂行规定》，《贷款规定》详细规定了住房公积金贷款申请，贷款额度、期限和利率，贷款担保，贷款偿还，监督管理等，保证了深圳市住房公积金贷款工作在公开、透明、公正的环境下运行。

2013 年 9 月 5 日，公积金管理中心印发《商转公贷款规定》，于 2013 年 9 月 16 日起施行。

2015 年，根据住房城乡建设部和省厅相关文件精神，深圳市住房公积金管理中心拟定了《关于执行住房公积金贷款首付比例有关问题的通知》（深公积金委办〔2015〕1 号），对住房公积金贷款首付款政策进行了调整。

同时，2015 年 4 月 14 日，深圳市公积金管委会印发了《关于提高住房公积金资金使用效率　加快发展住房公积金贷款业务的通知》（深公积金委〔2015〕1 号），进一步提高住房公积金资金使用效率、加快发展住房公积金贷款业务。

五　深圳住房公积金制度改革成效

（一）建立了深圳特色的住房公积金制度和运行管理机制

深圳在充分调研和科学论证的基础上，通过住房公积金制度改革和创新，建立了具有深圳特色的住房公积金制度，不仅充分借鉴和吸收了国内其他城市住房公积金管理和运行的经验，而且符合深圳经济、社会实际情况，制度建设和运行主要特点如下：

1. 政策体系健全

经过五年的发展，深圳住房公积金政策体系基本建立健全，主要由 1+4 文件构成，《深圳市住房公积金管理暂行办法》是深圳市住房公积金制度建设各项工作的重要依据和政策基础。《深圳市住房公积金缴存管理暂行规定》《深圳市住房公积金提取管理暂行规定》《深圳市住房公积金贷款管理暂行规定》《深圳市住房公积金商业性住房按揭贷款转住房公积金贷款暂行规定》，分别是深圳市住房公积金缴存、提取、贷款以及商转公贷款业务办理的具体实施文件。此外，还制定了公积金缴存、提取、贷款业务、财务管理、会计核算等内部操作规程以及缴存单位、职工办理业务指南等。

2. 以支持住房消费作为政策基本定位

住房公积金制度建立之初，主要是解决住房建设资金问题，随着住房市场发展和供求关系变化，住房消费能力整体不足和结构性矛盾成为当前及今后一定时期主要问题。作为全国最后一个建立住房公积金制度的大型城市，深圳市住房公积金制度在设计上紧扣提升住房消费能力这一核心任务，重点支持职工购买保障性住房和首套自住商品房，为住房消费服务，着力解决缴存职工的自住住房问题。

3. 制度具有保障性、普惠性、公平性和人性化设计

第一，扩大住房公积金制度的覆盖范围，缴存范围覆盖至户籍和非户籍职工，同时，判断职工的标准以是否建立劳动关系作为要件，力争更多职工享有住房公积金权益。

第二，制定了人人可提的宽松提取政策，提取业务手续简便。充分考虑各阶层缴存职工利益，设置了覆盖所有职工的提取情形。在业务办理手续方面，占业务量 70% 的租房提取、其他住房消费提取以及非深户销户提取等均实行"一卡式"办理，不需要提供任何纸质证明材料。

第三，注重制度的公平性，在全国首创利息补贴机制：缴存住房公积金达到 1 年以上，且未曾使用住房公积金贷款的职工，在销

户提取时，以历年结息总额（含销户利息）为基数，根据缴存年限的长短，按照累计支付利息总额的5%至12%给予利息补贴。

第四，创新建立家庭不同代际间的扶持机制。通过创新，建立了家庭不同代际间的住房公积金扶持机制，子女贷款可合并计算父母住房公积金账户余额来提高可贷额度，或者可以按规定提取父母账户内的住房公积金余额用于偿还住房公积金贷款。为让更多职工享受到住房公积金低息贷款优惠政策，推出商转公贷款业务，并首创顺位抵押模式，免除了职工强制性担保的费用支出，降低了职工购房成本。

第五，重点支持职工购买保障性住房和首套自住商品房，适当限制职工家庭名下多套住房的提取额度。对于职工家庭名下合计两套及以上住房的，可提取额不超过账户余额的60%，且不超过购房总价款；2010年9月30日后购买第三套及以上的住房，不予提取。

4. 实行"中心主导、银行代办"的业务管理模式，实现缴、提、贷三大业务飞跃式发展

按照国务院《住房公积金条例》规定，参考国内其他城市住房公积金业务管理模式结合深圳实际，深圳选择了"中心主导、银行代办"的住房公积金业务办理模式。即在业务办理过程中，银行受深圳市住房公积金管理中心（以下简称公积金中心）委托，按照公积金中心制定的规程和标准，在公积金中心自主研发的系统上办理业务；标准化、流程化的业务均由银行代办，涉及风险较大或相对复杂的业务由公积金中心管理部办理。通过引入归集、贷款银行这一高效的市场资源，极大节省了住房公积金管理的机构设置和人力资源成本，为广大缴存职工就近办理业务带来了便利，并推动缴存、提取、贷款三大业务取得了快速发展。

5. 创新住房公积金服务渠道和方式，不断提升服务效率和服务水平

第一，联网共享信息资源，简化业务办理手续。目前，深圳住房公积金信息系统已实现与全市所有住房公积金业务银行网点以及住房建设、市场监督、社保、产权登记、人行征信、结算中心等政府相关部门联网，并正在与市市场监督管理局合作，将住房公积金

缴存登记纳入商事登记"多证合一"流程。通过充分合作和信息共享，使业务办理手续得到极大简化，促进了住房公积金服务更优质和高效。

第二，构建"四位一体"业务办理模式，提高服务便捷性和满意度。深圳已建立起"网络、电话、银行自助终端、柜台"四位一体的、"信息化自助渠道+实体柜台"的住房公积金业务办理模式，在全国率先实现通过电话（即12329住房公积金服务热线）以及银行自助终端机直接办理住房公积金查询和部分提取业务，包括租房提取、其他住房消费提取、非深户离深销户提取、退休销户提取等四大类。2015年全年，该四类业务通过上述信息化自助渠道办理的业务量占该四类业务办理总量的75.65%。

第三，多渠道开展宣传，提高政策认知度。通过公积金中心门户网站、微博、微信、新闻媒体等渠道开展各类宣传；逢重大政策如提取、贷款和商转公等政策出台前，均广泛征求社会各界意见；对住房公积金制度实施基本情况适时公开，发布住房公积金年报。

6. 坚持公开规范、稳健务实，建立健全各项管理制度

第一，公开招标住房公积金受托银行。

在受托银行的选择上，深圳未参照国内其他城市通过行政指令的方式，而是通过市场公开招标选定，并依据投标文件以及与银行签订的委托协议明确公积金中心与银行双方的职责，使得双方边界更加清晰，权利义务更加对等。目前，经过公开招标，共确定了7家归集银行和10家贷款银行。

第二，对受托银行进行规范的业务指导和严格的监督管理。

根据住房公积金招标文件以及有关委托协议约定，由公积金中心对银行的业务工作进行监督和指导。首先，制定住房公积金业务办理统一的规则和标准，并在各项政策及业务规程出台后，由公积金中心为银行柜员进行政策讲解和操作培训。银行所有住房公积金业务柜员必须经过培训并通过考试后，才能取得办理住房公积金业务的资格。其次，制定归集银行以及贷款银行跟踪考核办法，考核指标以定量指标为主，约占60%，考核内容主要包括业务开展和服务质量等方面，分别按照半年和全年进行考核，考核结果与受托银

行手续费挂钩。

第三，全面开展信息化建设与安全管理。

住房公积金信息系统终端直接面向全市数百万缴存职工。目前，深圳住房公积金信息技术运用的广度和深度，在全国同行业中已处于领先水平。

一是先后编制了包括《信息化管理办法（试行）》《信息化项目建设管理办法》《网络安全与病毒防护管理规定》《机房安全管理规定》等 10 余个文件在内的信息化建设和管理制度，建立起信息化建设和信息安全管理的规范制度体系。

二是全面加强基础设施管理和系统安全检查。通过存储设备双写、建设灾备机房保证核心数据完整、安全；通过实施安全软件部署，保证系统信息安全；开展互联网应用安全专项整改，对网上办事大厅、门户网站等进行安全排查，及时处理安全隐患。

三是编制住房公积金信息化建设发展规划。围绕"互联网+公积金"的管理和服务目标，通过技术与业务的深度融合，提出未来三至五年的信息化发展蓝图和总体发展目标。

四是按住建部《关于推进住房公积金综合服务平台建设工作的指导意见》及相关文件要求，作为全国综合服务平台建设试点城市之一，研究制定综合服务平台实施方案，积极打造一个以信息技术为基础，以信息整合和数据共享为核心，面向用户，通过网上办事大厅、12329电话、微信、手机移动终端和实体柜台等各种渠道提供住房公积金业务办理和实时互动服务的全方位综合应用平台。

7. 创新开展住房公积金风险管理体系，提升资金管理水平

第一，通过与专业机构合作，构建了住房公积金全面风险管理体系，并分别建立归集、提取、贷款、信息、资金和经费 6 个模块的风险管理信息库，用以指导和规范风险防范管理工作；建立住房公积金风险管理控制信息系统，该系统包括风险管理、内控管理、审计项目管理等功能，对风险进行全面监测。

第二，开展以风险为导向的内部审计稽核工作。围绕保障住房公积金资金安全、防范和化解资金风险，不断完善住房公积金管理的内部规章制度；以规范管理为主线，从查找风险点着手，不定期

对住房公积金各项业务流程进行梳理排查；借助计算机审计软件以及信息系统抽样功能实施审计，提高审计工作效率。

第三，与受托银行和结算中心直联，实现了住房公积金资金结算的实时高效和资金划转的准确便捷；制定了《资金调拨暂行规定》，通过公式化的方式确定资金调拨金额，使资金调拨更加透明、客观，避免人为干预；建立了现金流量监控及预测模型，在保证流动性安全的前提下，制订定期存款计划，合理安排存款结构，提升住房公积金增值收益。

深圳住房制度创新成果得到了住建部的充分认可。住建部以深圳住房公积金提取政策实践为参考，于 2015 年 1 月下发《关于放宽提取住房公积金支付房租条件的通知》，要求各地进一步放宽提取条件和简化提取要件。深圳宽松的提取政策在全国范围得到推行。

（二）深圳市住房公积金各项业务快速发展

1. 归集银行和贷款银行

截至 2015 年年底，深圳住房公积金通过招投标确定了 7 家住房公积金委托归集银行，共有 300 多家网点、近 700 名柜员在办理住房公积金缴存、提取业务；通过招投标确定了 10 家住房公积金委托贷款银行，共有约 400 个住房公积金贷款业务点，从事贷款业务各岗位的操作柜员人数近 2000 名。

2. 缴存业务

自 2010 年 12 月 20 日深圳市住房公积金缴存业务上线以来，公积金归集业务发展迅速，后来居上。截至 2015 年 12 月底，累计开立单位住房公积金账户 14.23 万户；累计开立个人住房公积金账户 933.15 万户，实缴人数 414.86 万人，跃居全国第三；累计归集资金 1479.91 亿元（见图 4—4、图 4—5、图 4—6）。

3. 提取业务

2011 年 9 月 1 日，深圳市住房公积金提取业务上线。截至 2015 年 12 月底，全市住房公积金累计提取笔数 1320.12 万笔，提取总额 581.15 亿元（见图 4—7）。

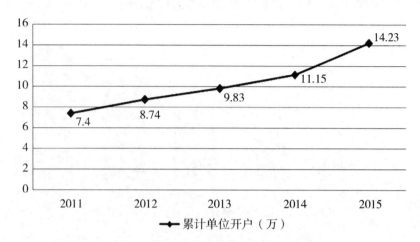

图 4—4　2011—2015 年深圳市住房公积金累计单位开户

资料来源：深圳市住房研究会整理。

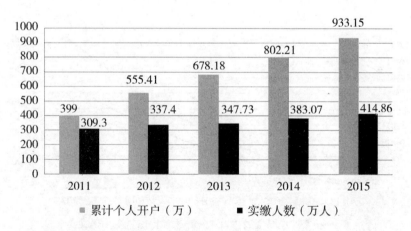

图 4—5　2011—2015 年深圳市住房公积金累计个人开户和实缴人数

资料来源：深圳市住房研究会整理。

4. 贷款业务

2012 年 9 月 28 日，深圳市住房公积金贷款业务上线，2013 年 9 月 16 日，商转公贷款业务上线。截至 2015 年 12 月底，已累计为 9.59 万户家庭提供了 515.81 亿元住房公积金低息贷款。

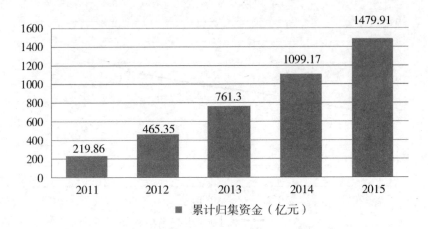

图 4—6   2011—2015 年深圳市住房公积金累计归集资金

资料来源：深圳市住房研究会整理。

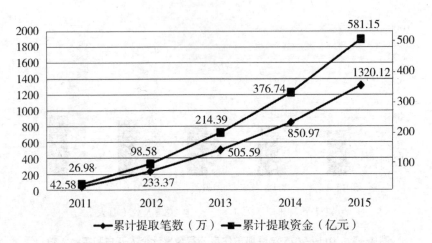

图 4—7   2011—2015 年深圳市住房公积金提取笔数和资金

资料来源：深圳市住房研究会整理。

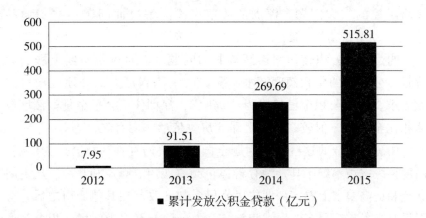

图4—8　2011—2015年深圳市累计发放住房公积金贷款
资料来源：深圳市住房研究会整理。

六　回望与反思

　　深圳住房公积金制度改革虽然进行了一些创新，如人人可提的宽松提取政策、公积金利息补贴机制、"中心主导、银行代办"的业务管理模式、高度信息化的服务渠道和方式等，但是制约住房公积金制度发挥应有作用的几个根本问题依然存在：

　　一是制度性质和定位问题。住房公积金制度是专项储蓄制度还是互助制度？缴交人与公积金管理中心究竟是何种关系？住房公积金风险如何管理控制？这是涉及公积金性质、权益归属的根本问题，深圳的改革没有回答，但无论是哪种制度，强制性缴存的规定都是违背了制度的"自愿性"原则。

　　二是公积金趋于贬值问题。这是涉及制度是否具有吸引力、能否可持续存在的重大问题，深圳虽然采取了利息补贴机制缓解了贬值幅度，但由于资金投资渠道过于狭窄、缺乏增值保值操作空间，公积金趋于贬值问题仍然没有根本解决。

　　三是缺乏公平性和兜底机制的问题。公积金是高收入群体得益还是低收入群体得益？资金风险谁承担？这是关乎制度公平正义、风险防控的重大问题，深圳的改革也没有解决此问题，"逆向补贴"、"劫贫济富"、缴存人埋单的诟病依旧存在。

四是住房公积金作用逐渐减弱的问题。面对房价不断上涨的大背景，公积金的贷款额度杯水车薪，已不能满足大部分地区购房贷款需求，住房公积金已然成为"鸡肋"；深圳住房公积金贷款额度虽然相比全国高，但较之不断上涨的房价依然作用有限；等等。

住房公积金的这些主要问题全国各地普遍存在，社会广为诟病，制度存废之声不绝于耳，缴存群体也颇有怨声、嘘声和呼声。从更高立意和更高要求上看，深圳住房公积金制度改革在其他城市之后，有责任有义务进行更多的探索和尝试，为全国蹚路，为住房公积金制度深化改革，为住房公积金制度的可持续发展"上下求索"，这既是国家的要求，也是深圳的使命。深圳住房公积金制度改革依然在路上。

七　历史瞬间

2008 年 11 月 26 日，深圳市委常委会审议并原则通过《深圳市住房公积金制度改革方案》，决定由市政府择机出台该文件。

2009 年 5 月 22 日，深圳市政府正式发布《深圳市住房公积金制度改革方案》（深府〔2009〕107 号），确定由原市国土房产局（市房改办）牵头组织成立住房公积金管理机构，同步推进住房公积金改革相关工作，并要求 2010 年 12 月起市住房公积金管理中心正式运作（见图 4—9）。

2009 年 7 月 15 日，经原市国土房产局党组会议审议通过，发布《关于成立市住房公积金管理中心筹备组的通知》（深国房〔2009〕405 号），深圳市住房公积金管理中心筹备组成立。

2010 年 2 月 21 日，根据市编办《关于成立深圳市住房公积金管理中心的批复》（深编〔2010〕13 号），正式成立深圳市住房公积金管理中心，是市政府直属事业单位，由市住房建设局代管，具体承担本市行政区域内住房公积金的缴存、提取、贷款等的管理和监督职责。

图 4—9　深圳市住房公积金正式挂牌运作

2010 年 3 月，完成了第一轮深圳市住房公积金委托归集银行公开招标工作，确定了 3 家住房公积金委托归集银行，分别是建设银行深圳市分行、招商银行深圳分行、中国银行深圳市分行。

2010 年 10 月 29 日，举行深圳市住房公积金管理中心揭牌暨归集银行签约仪式。（见图 4—10）通过签订委托协议，明确了"中心主导、银行代办"的业务办理模式，即银行受中心委托，按照中心制定的规程和标准，在中心自主研发的系统上办理业务；标准化、流程化的业务均由银行委托代办，涉及风险较大或相对复杂的业务由中心管理部办理。

2010 年 11 月 5 日，深圳市政府五届十五次常务会议审议并原则通过了《深圳市住房公积金管理暂行办法》，该暂行办法确立了深圳市住房公积金制度主要用于支持职工基本住房消费的政策定位，并充分考虑到制度的公平性，在全国首创提出利息补贴机制，明确对于缴存住房公积金达到一年以上，且未曾使用住房公积金贷款的职工，给予一定的利息补贴。11 月 24 日，市政府正式发布实施该暂行办法。

图4—10　深圳市住房公积金委托贷款银行签约仪式

2010年12月1日，深圳市住房公积金服务热线正式开通对外服务，向全市提供住房公积金政策、业务咨询。

2010年12月20日，《深圳市住房公积金缴存管理暂行规定》发布实施，明确缴存范围不仅包括户籍职工，还覆盖非户籍职工。同日，深圳市住房公积金缴存业务对外试运行，深圳市住房公积金网上办事大厅同步上线，福田管理部正式对外运作，归集银行住房公积金业务网点同步对外运作。截至12月底，深圳市住房公积金当年归集1.71亿元（见图4—11）。

2011年3月22日，深圳市住房公积金中心新浪官方微博正式上线；3月24日，中心腾讯官方微博正式上线，全面开启以新媒体为载体、与市民沟通的崭新通道（见图4—12）。

2011年6月17日，时任公积金管委会主任委员吕锐锋主持召开第一届深圳市住房公积金管理委员会第一次会议，宣布深圳市住房公积金管理委员会正式成立，审议并通过了公积金管委会章程和《深圳市住房公积金提取管理暂行规定》（见图4—13）。

2011年9月1日，《深圳市住房公积金提取管理暂行规定》发布实施。深圳市提取政策充分考虑各阶层缴存职工利益，设置了覆盖所有职工的提取情形，实现了人人可提。同日，深圳市住房公积

图 4—11　深圳市住房公积金缴存信息交换及共享签约仪式

图 4—12　深圳市住房公积金官方微博上线签约仪式

金提取业务正式对外运行。

2011 年 12 月，在全国首推网上提取住房公积金业务，职工可通过网上办事大厅自助办理住房公积金租房提取等四类业务。（见图 4—14）截至 12 月底，深圳市住房公积金当年归集 218.15 亿元，当年提取 26.98 亿元。

2012 年 1 月 17 日，深圳市住房公积金委托贷款银行入围资格公

图 4—13 《深圳市住房公积金提取管理暂行规定》正式发布

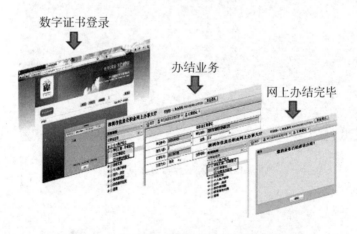

图 4—14 深圳市住房公积金网上提取流程图

开招标工作顺利完成，7 家银行中标，分别是建设银行深圳分行、中国银行深圳分行、工商银行深圳分行、农业银行深圳分行、招商银行深圳分行、交通银行深圳分行、深圳发展银行深圳分行（后更名为平安银行深圳分行）（见图4—15）。

图4—15　深圳市住房公积金委托银行服务现场

2012年4月10日，深圳市住房公积金中心宝安、龙岗管理部正式对外运作。至此，中心起步阶段的组织架构基本框架搭建完成，包括综合管理部、政策法规部、计划财务部、归集管理部、贷款管理部、信息管理部、审计稽核部、事务受理部8个内设部门，以及福田管理部、宝安管理部、龙岗管理部3个管理部门。

2012年7月13日，市住房公积金管理委员会第二次会议召开，会议审议通过市住房公积金委托贷款银行的选定等有关事项。会议用"多、快、好、省、稳"五个字对住房公积金制度发展取得的成绩予以充分肯定。

2012年9月28日，《深圳市住房公积金贷款管理暂行规定》发布实施（见图4—16）。深圳市住房公积金贷款政策创新建立了家庭不同代际间的住房公积金扶持机制，子女贷款可合并计算父母住房公积金账户余额来提高可贷额度，或者可以按规定提取父母账户内的住房公积金余额用于偿还公积金贷款。同日，深圳市住房公积金贷款业务正式对外试运行。

2012年10月12日，深圳市第一笔住房公积金贷款成功发放。

2012年11月23日，深圳市住房公积金中心做出第一单住房公

图 4—16   《深圳市住房公积金贷款管理暂行规定》正式发布

积金行政处罚决定，对未按规定办理缴存登记、设立职工住房公积金账户的某单位罚款 4 万元。

2012 年 12 月 19 日，深圳市住房公积金中心发布《关于住房公积金利息补贴有关事宜的通知》，在全国率先实施住房公积金缴存利息补贴政策，更好地体现了住房公积金制度的公平性。截至 12 月底，深圳市住房公积金当年归集 245.49 亿元，当年提取 71.60 亿元，当年发放贷款 7.95 亿元。

2013 年 2 月 27 日，深圳市住房建设局、市总工会联合发布《深圳市住房和建设局　深圳市总工会关于做好维护职工住房公积金合法权益工作的通知》，要求全市各级工会组织在维护职工住房公积金权益方面发挥积极作用，推动集体合同版本的修订，将缴存住房公积金纳入集体合同，为职工提供住房公积金侵权法律援助。

2013 年 2 月，深圳市住房公积金累计归集资金突破 500 亿元。

2013年8月，深圳市住房公积金中心微信公众号正式开通。

2013年9月5日，深圳市住房公积金管理委员会第三次会议召开，会议审议并通过《深圳市商业性住房按揭贷款转住房公积金贷款暂行规定》等事项。

图4—17　深圳市住房建设局局长李廷忠赴委托银行专户柜台检查工作

2013年9月16日，《深圳市商业性住房按揭贷款转住房公积金贷款暂行规定》发布实施（见图4—18）。在该暂行规定中，深圳市首创顺位抵押模式，免除了职工强制性担保的费用支出，降低了职工购房成本。同日，深圳市商业性住房按揭贷款转住房公积金贷款业务正式对外试运行。

2013年9月27日，深圳市住房公积金服务热线12329升级为住房公积金远程服务平台，在全国首创电话自助办理业务模式，职工通过拨打服务热线除可进行政策、业务咨询外，还可自助办理租房提取等部分提取业务。截至12月底，深圳市住房公积金当年归集295.95亿元，当年提取115.81亿元，当年发放贷款83.56亿元。

2014年7月9日，通过深圳市住房公积金中心向法院申请，第一次由法院强制执行单位欠缴职工住房公积金款项1625元。

2014年9月，深圳市住房公积金累计归集资金突破1000亿元。

图4—18　深圳市住房公积金"商转公"规定正式发布

2014年11月起，在全国首推银行自助终端提取住房公积金，职工可使用建行、招行、中行近1600台自助终端机办理住房公积金提取、预约等业务（见图4—19）。

2014年12月，经公积金管委会审议同意，完成了新一轮住房公积金委托归集银行招标工作，确定了7家住房公积金委托归集银行，分别是建设银行深圳分行、工商银行深圳分行、中国银行深圳分行、中信银行深圳分行、兴业银行深圳分行、交通银行深圳分行以及招商银行深圳分行。截至12月底，深圳市住房公积金当年归集337.87亿元，当年提取162.34亿元，当年发放贷款178.18亿元。

2015年4月1日，发布《深圳市住房公积金管理委员会办公室关于执行住房公积金贷款首付比例有关问题的通知》，对住房公积金

图4—19　深圳市住房公积金电话服务平台现场及深圳市住房
公积金自助服务

贷款首付款比例进行了调整（见图4—20）。

2015年4月14日，发布《深圳市住房公积金管理委员会关于提高住房公积金资金使用效率加快发展住房公积金贷款业务的通知》，进一步加大对职工使用住房公积金贷款的支持力度，职工住房公积金贷款可贷额度由职工住房公积金账户余额的12倍提高至14倍。

图4—20　深圳市住房公积金管理中心办事大厅

注：从2015年4月7日起，深圳将执行住房公积金贷款新政策，首套房首付比例最低20%；二套房首付比例最低30%。

2015年7月24日，异地住房公积金贷款系统上线试运行，支持异地缴存公积金的本市户籍职工向深圳市住房公积金中心申请公积金贷款（见图4—21）。

2015年10月28日，启动互联网渠道升级项目（即综合服务平台建设项目），进一步探索"互联网+住房公积金"，将为数百万缴存职工提供更贴心、高效、便捷的服务。

2015年11月25日，由住建部公积金监管司主办、中心协办的"全国综合服务平台课题研讨会议"在深召开，深圳市住房公积金中心关于综合服务平台建设的目标和工作思路专项汇报获好评。截至

图4—21　深圳市住房公积金异地服务流程

2015年年底，深圳市住房公积金当年归集380.73亿元，当年提取204.42亿元，当年发放贷款246.12亿元。

第五章

登高眺远　深圳住房保障未来之路

经过两次大发展，深圳住房保障已然走在了全国城市的前列，在体制机制方面的诸多创新已被国务院、住建部及省市主要领导高度肯定，并被全国各大城市借鉴推广。然而，随着深圳及全国经济社会的快速发展和变革，住房保障所依存的内部和外部环境也随之发生了重大变化。深圳住房保障制度改革创新的未来发展将主要从以下几个方面展开：

——住房总量短缺的主要矛盾短期内难以有效缓解，大幅增加住房有效供应将是未来较长一个时期内的主要任务。

根据《深圳市人口与社会事业发展"十三五"规划》，到 2020 年年末，深圳市常住人口和户籍人口规模将分别达到 1480 万和 550 万人，相比"十二五"分别增加了 342 万和 181 万人，全市住房总需求将达到 180 万套，而"十三五"期间计划供应的商品房和公共住房总和仅 65 万套，缺口明显。

可见，在严格控制人口总体规模的基础上，未来 3—4 个五年规划周期，深圳都将以有效增加房源供应为主要任务，住房供需矛盾在这一时期内将持续存在，这也是推动深圳市住房事业发展的主要动力。

——商品房价格持续走高的趋势短期内难以发生根本性转变，未来保障性住房将进一步发展成为外延更广的公共住房。

根据深圳市规土委监测数据显示，2015 年深圳新建商品房成交均价比上一年度增长 39.4%，2016 年 5 月新房成交均价更是高达

55871 元/平方米，同比上涨 96%；根据易居房地产研究院发布《全国 35 个大中城市房价收入比排行榜》（2015 年度）显示，剔除"可售型保障性住房"的统计后，深圳的房价收入比已高达 27.7，位居全国第一；据国际货币基金组织（IMF）的全球房价观察报告（Global Housing Watch Report）显示，2016 年上半年全球各大城市的房价收入比深圳以 38.36 位居全球第一。

近年来，不同机构都对深圳的房价水平进行深入研究，诸如上述的报道也是层出不穷，且不论各机构的数据来源与测算方式是否一致，仅从定性的结论来看，均反映出深圳住房消费压力已快速攀升至全国首位。据保守估算，以深圳 2016 年上半年新商品房交易均价，一个三口之家在最低首付及月供的情况下购买 60 平方米首套住房，其家庭人均可支配收入至少应为 63423 元/年，而深圳符合这一收入条件的人数不足 20%。

可见，未来深圳的住房需求将分化为两个部分，即小部分高收入群体通过商品房市场解决，而大部分人群的住房需求需要依托政府解决，因此，以政府为主导的住房保障覆盖面将进一步扩大，保障对象不再局限于小部分的户籍中低收入群体，保障性住房将成为外延更为广泛的公共住房，并针对没有商品房购买能力的大多数居民进行多层次分类覆盖，实施分阶段、分步骤的保障策略。

——土地资源紧约束的发展瓶颈将长期存在，盘活存量土地和住房资源依然是未来住房保障的重中之重。

从土地可供规模来看，根据土地利用总体规划（2006—2020），到 2020 年规划期末，深圳新增建设用地规模仅 8 平方公里，且实际可供用地普遍存在位置偏远、地块畸零等问题。可见未来保障性住房和人才住房建设的新增土地供应将十分有限；从土地供应结构来看，2012 年，深圳存量用地供应首次超过新增用地，占比达 56%，自此以后，该占比逐年提高，至 2015 年已高达 77.9%。可见以 2012 年为转折点，深圳土地供应结构已经基本以存量土地为主；从土地开发强度来看，以国际水平衡量，一个城市国土开发强度的生态宜居线是 20%，警戒线是 30%，截至 2015 年 4 月统计，深圳的城市建成区面积已经超过城市行政辖区全部土地的47%，位列全国第一，预计到2020年，深圳的土地开发强度将会达到49%，显著高于国内其他一线城市（北京、上海、广州土地开发强度分别为8%、13.5%、12.5%），也显著高于土地开发强度21%的香港。

土地是住房发展的根基，如何有效突破深圳土地紧约束，将是深圳未来住房发展必须面对的重大问题。在严控生态红线、填海造地的背景下，未来的新增建设用地将难有重大突破，因此破解制约深圳住房发展的土地瓶颈，就必须从盘活存量土地和住房资源发力，其中重点又将落在挖潜空间相对较大的征转历史遗留问题土地、闲置工业用地、淘汰落后产能及产业转型升级释放土地、老旧住宅区及城中村改造等低效利用的各类用地，通过集约化的二次开发利用，不断拓展深圳住房的发展空间。

——海量违法建筑与深圳现代化国际化创新型城市的战略发展定位不相匹配，积极推进棚户区改造、适度调整城市更新政策以消化存量违建已十分紧迫。

据2012年住房深圳市建筑物普查和住房调查显示，深圳村民自建房约650万套，其中未办理"两规"确权的约占73.5%，占全市住房总套数的46.2%，加之深圳还有168万套的工业区配套宿舍等住房也存在一定比例的违建，可见全市住房总量的一半以上为违法建筑。

《深圳市国民经济和社会发展第十三个五年规划纲要》已明确将"加快建成现代化国际化创新型城市"确定为发展总目标。很显然，这样一个标杆城市的战略目标与占比过半的违法建筑之间很难匹配，如何妥善解决如此海量的违法建筑就成为实现这一战略目标所必须面对的重大挑战，相关的处理改造工作也必将加速实施。

就解决违法建筑的途径来看，最为彻底的就是实施旧改，而目前的合法途径有三：城市更新、棚户区改造、政府征收，其中政府征收是基于公共利益需要而进行的，范围较广但具有一定的被动性，因此城市更新和棚户区改造成为处理违建的两条主要路径。但就目前来看：一方面，随着容积率较低、业主单一的各类相对易于实施的项目均已先期开展，剩余各类项目的改造成本急剧增加，以纯市场行为的城市更新方式其实施难度也越来越大，城市更新模式亟待调整；另一方面，随着全国范围内棚户区改造工作的不断发力，棚户区的内涵也从以前的老工矿区的简易房屋不断拓展，目前已经明确了城市棚户区的范畴，并将城中村纳入其中，可见棚户区改造已经成为以政府主导并依照政府征收相关规定实施的一种全新旧改模式，当然也就成为深圳市处理违法建筑的一个全新路径。此外，棚户区改造项目释放的土地空间还可全部用于建设公共住房，实现双赢。然而由于深圳市棚户区改造的现实情况较为特殊，国家及广东省的有关规定与深圳的实际不甚相符，而本地相关专项政策法规尚未出台，可以说目前深圳的棚户区改造正处于一个政策真空期。目前经市委市政府决策实施的"罗湖二线插花地"棚户区改造项目有望成为深圳棚户区改造的范本，其所采取的相关措施和做法也有望通过立法予以固化，形成未来深圳市棚户区改造政策法规体系的蓝本。

——海量房源的后期监督管理任务将急剧增加，积极推进政府职能转变、引入多元化的市场管理模式已势在必行。

根据《深圳市住房保障发展"十三五"规划》，深圳市"十三五"期间将新增安排筹集建设保障性住房和人才住房 40 万套，实现供应 35 万套，已经接近特区成立 30 多年以来建设的政策性住房总和，其规模不可谓不大，然而长期以来，深圳市保障性住房的日常管理都是由专属事业单位以行政管理的方式实施，随着近年来深圳市保障性安居工程的快速推进，管理机构已经处于超负荷运转状态，与此同时，在全国范围内严控机关事业单位的机构规模和编制的大环境下，机构规模将难以扩充。因此，面对未来公共住房的大幅增加，现行的行政化管理模式将难以为继，"转变政府职能、引入市场模式"已势在必行，其主要做法和优点如下：

一是加快相关部门转变政府职能，对全覆盖的管理范畴进行分离，保留其中涉及政府转移职能负面清单的有关事项，如监督执法，同时将后续管理的日常事务性事项剥离出来，通过政府购买服务或职能转移的方式交由市场主体实施。

二是充分学习和借鉴国内外先进经验，多渠道构建具有深圳特色的公共住房管理体系，包括成立国有独资或混合制的专营机构、探索推行房地产信托投资基金（REITs）的标准化管理模式、创新PPP模式在公共住房日常管理中的应用、加快推进相关社会组织建设等。

——高房价导致住房公积金缓解住房消费压力的效果不断削弱，住房公积金制度改革亟待破题。

住房公积金是我国借鉴新加坡等国家相关制度而创立的一项兼具强制性、互助性、长期性的住房专项金融支持政策，其实施20多年以来，在财政体系之外有效提升广大职工的住房消费能力，为众多职工圆了安居梦。

深圳作为全国最后一个实施住房公积金政策的城市，其后发优势实现了公积金各项业务的快速发展，截至2016年第二季度末，深圳市累计发放个人住房公积金贷款11.46万笔，累计发放金额629.21亿元，对于缓解广大职工住房消费压力起到了积极作用。然而随着深圳近年来商品房价格的快速上涨，住房公积金对于缓解缴交职工住房消费压力的作用正在不断削弱，按照当前90万元住房公积金贷款额度上限，相对于商业贷款而言，公积金贷款最多可减少月供860元，而以2016年上半年深圳市一手房交易均价为例，购买一套60平方米的商品房，以首付30%、商业贷款30年等额本息计算，其月供将高达11368元，住房公积金的860元月供已杯水车薪。

对此，提高住房公积金贷款额度上限在短时间内固然有效，但贷款额度上限提升将直接导致贷款总额的大幅上升，使得有限的归集资金能支持的贷款笔数随之减少，最终导致其政策惠及面随之缩小，与住房公积金制度本意不甚相符。因此解决上述问题只有从住房公积金制度改革入手，一方面适度加大对公共住房贷款以及租房提取的政策倾斜，提升住房公积金贷款低息的显著性；另一方面，通过提高缴存余额的增值收益以提升职工缴存积极性，从而促进归集资金总额的有效增加。

——社会力量参与保障性住房建设的积极性将有所降低，社会投资公共住房建设的支持政策亟待出台。

"十二五"期间，深圳市保障性住房建设资金中，社会投资累计完成 436.86 亿元，占已完成投资总额约 66%，可以说，深圳保障性住房建设主要力量来源于社会，但随着深圳房地产市场的"繁荣"加剧，加之保障性住房利率回报率偏低、销售限制较多、流程相对复杂等因素，相关房地产开发企业对于参与保障性住房投资建设的积极性将呈现下降趋势。与此同时，深圳市"十三五"期间的保障性住房和人才住房筹建任务进一步加大，项目开发建设成本也不断增高，项目建设资金需求将大幅增加，因此，深圳市财政支付压力相对于"十二五"将出现显著增加。

针对上述情况，亟须政府相关部门研究制定相关支持政策，以促进社会投资公共住房建设的投资回报率维持在合理水平，切实提升社会参与的积极性。支持政策可以包括：税费减免、低息贷款、贷款贴息、专项补贴、资金奖励、住房消费券等，未来针对社会投资公共住房的支持政策应是一揽子措施，并能够根据市场变化情况灵活调节，以充分发挥其对社会力量的积极引导和鼓励作用。

——公共住房大规模建设将引发中小户型住房市场格局发生重大变化，商品房市场发展将趋向高端。

目前，深圳住房供应的主力还是商品房，据统计，"十二五"期间全市新增商品住房批准预售 29 万套，而同期的保障性住房供应则只有 11 万套，如再将现售商品房和二手商品房计入，则这一差距将更为显著。

然而，根据"十三五"规划，全市计划新增供应商品住房 30 万套，保障性住房和人才住房 35 万套，后者供应量将首次超过前者，可见，"十三五"将是深圳住房发展的一个转折点，也是深圳住房供给侧结构性改革的一个里程碑。同时，考虑到公共住房即将实施的封闭流转制度，将有效固化深圳市公共住房资源，实现公共住房总量"只增不减"，未来公共住房的积极效应将很快显现，从规模上将与商品房形成双轨并行的局面。

鉴于中小户型购房人群相对较低的住房消费能力，公共住房相对低廉的租购价格以及相对较小的户型面积正好能够满足此类购房需求。因此可以预见，未来深圳市住房的中小户型需求将主要转向公共住房，而中小户型商品房难以与公共住房形成竞争，商品房的发展将逐步走向高端化的路线，进而形成真正意义上的差异化市场格局。

——人才住房的相对独立将推动公共住房格局出现重大调整，现行住房保障制度也将重新定位。

根据近期深圳市委市政府发布的《关于完善人才住房制度的若干措施》，深圳市将把人才住房从现有的住房保障体系中相对分离，并结合人才群体的多元化需求加以完善，形成面向人才量身定做且具有政策优惠性质的住房，从而构建人才住房与保障性住房双轨并行的公共住房体系。

至此，长期以来深圳市保障房与人才住房大一统的格局彻底打破，公共住房的差异化细分市场将会快速形成。保障性住房将回归为面向户籍中低收入住房困难群体的"保基本"住房兜底政策，而人才住房相对独立以后，则将成为深圳市"促发展"的一项激励性政策，旨在支持各企事业单位吸引和留住人才，是促进深圳市经济社会可持续发展的一项重要保障。因此，人才住房政策也会根据各层级、各类型人才的多元化需求，制定更具吸引力和实际效果的人才住房体系，在供应规模和户型面积方面都将更加科学、更加灵活。

——未来商品住房和公共住房的空间布局都将更多转向原特区外，其面临的职住平衡和公共配套双重压力将更为明显。

当前，深圳既是土地资源的稀缺城市，更是土地资源配置不均衡的城市，原特区内的可用建设用地已趋于匮乏，因此无论是公共住房还是商品住房，其新建项目区位转向原特区外的趋势基本已经明确。

然而，就目前来看，深圳住房供需呈现了较为明显的结构性矛盾，即住房需求集中于原特区内，而住房供给集中于原特区外，住房供需结构性矛盾突出，实现职住平衡的难度较大，同时原特区内外的公共配套完善程度差异还较为显著，未来深圳特区内外之间的公共交通压力以及原特区外的公共配套建设压力还将持续存在，需要政府投入更多的人力物力予以解决。但随着轨道三期、四期工程的加快实施，"十三五"期间深圳市轨道交通网的总里程数将从178公里增至425公里，未来原特区内外的通勤时间将大大缩短，与此同时，随着深圳"东进战略"的强力推进，未来东部四个区的住房建设规模也将相应加大，加之原特区外住房公共配套的不断完善，大量人口和产业也会随之加速向特区外转移，有利于特区一体化的实现。

登高眺远，深圳住房保障和人才安居"灯火阑珊"可期，但仍需"快马加鞭"。

附　录

香港公共住房情况简介

香港是世界上公认的中低收入居民居住问题解决得比较好的地区之一。目前，香港约有 1/3 人口居于公共租住房屋，另有两成购置了政府资助的自置居所。政府通过推行公共房屋计划，为中低收入居民提供适当的房屋，而只收取他们所能负担的楼价或租金。

一　香港公屋制度政策体系

（一）总体目标

香港长期以来实施的公屋政策取得了良好的效果，基本解决了民众的住房困难问题，体现了香港公屋政策长期以来坚持的目标，即为没有能力租住私人楼宇的低收入家庭提供可以负担的租住公屋，且香港政府承诺，对于需要公屋的人，平均等候时间不超过 3 年。

（二）基本原则

香港建设公共房屋的基本原则体现在由房委会采取的"四个统一"。

1. 统一规划

建屋规划受土地供应的控制，每年供应多少土地由更高层决定。房委会在提供建设公屋土地量范围内制订年度建房计划和 5 年、10 年中长远规划。

2. 统一建造

所有公屋均由房委会属下的机构统一兴建，或由房委会交私营机构营建。完成后按规定价格由房委会收回，不管是房委会或发展商建屋，都必须按房委会批准的单位面积和标准兴建。

3. 统一编配

公屋分为不同的档次，公屋的申请人必须遵照政府制定的公共租屋入住条件或购置居屋资格准则，统一向房委会提出申请，经审查合格后由房委会公开编号统一轮候，按号入住，或公开抽签挑选购置居屋。

4. 统一管理

所有公屋的管理均由房屋署屋村管理处负责，处理屋村方面的政策、公屋申请人登记注册，住宅与非住宅楼宇的统配、清洁屋村的合约，以及"居者有其屋"计划的设计，兴建和屋宇管理。

（三）公共房屋类型

香港政府通过建立双轨制的住房供应体系解决社会不同收入阶层的住房问题，公共房屋的类型包括公屋、居屋和夹屋三种。

1. 公屋

公屋即公共出租房屋。只有每月总收入不超过规定限额的家庭才有资格申请，而这规定限额每年都会根据通胀率和社会经济情况而做调整。公屋价格是廉租的，但生活配套绝不廉价。新式的公屋内，商场、学校、养老院等设施和绿化设施更加完善。每平方米租价仅为 47 港元。与此相关，香港商品房价每平方米售价约 4 万港元，大量市民无力承受，即使是租房，每平方米的价格也需 192 港元，相当于公屋房租的 4 倍。

2. 居屋

居屋也就是供出售的房屋。20 世纪 70 年代，当时的港英政府推出了"居者有其屋计划"，在此计划内兴建的房屋即称为居屋。香港房屋委员会负责该计划的选址、设计、开发和出售，居屋通常以成本价（大约是市场价的 60%—70%）出售给目前租住在公屋的住户或有资格申请公共出租房屋的中低收入者。在住满 10 年后，可以根据市值补偿地价给政府，然后住户便可将物业在一般市场上自由出售。

3. 夹屋

夹屋就是介于居屋和商品房之间的，比居屋售价要略贵一点。

公屋住户可以申请购买。

（四）保障对象

只要是没有能力租住私人楼宇的低收入家庭都是公屋的保障对象。申请条件的限定范围是：家庭月收入低于 12737 港元、资产净值低于 30.5 万港元。

（五）规划计划

20 世纪 70 年代，香港就开始推行"居者有其屋计划"（居屋计划）、"租者置其屋计划"（租置计划）以及"置业资助贷款计划"（置贷计划），协助低收入家庭自置居所。香港的公屋计划近年来由于土地供应、管理成本等原因，调整变化大，居屋 2003 年起无限期停建，租置计划则于推出六期之后停止，而置贷计划也于 2004 年 7 月 14 日终止。

2010 年 10 月 13 日，香港政府推出系列措施，协助市民置业、增加土地供应、监管私人住宅市场等。其中"置安心资助房屋计划"（下称"置安心"计划）最受关注。"置安心"计划下，市民可以五年期定额租金租住政府提供的住房单位，头两年只限租住，第三年起至搬离单位或租约期满后的两年内，租户可以选择以市价购入自住单位，或"置安心"计划下其他物业，也可购买商品房。届时，政府返还 50%的租金，资助市民支付首期房款，置业"上车"。

（六）土地和资金

自 1953 年起，香港政府通过直接注资或提供土地的间接方式，资助公营房屋发展。在政府的资助下，香港的公营房屋发展无疑达到了世界先进水平。1987 年后，房屋委员会由原来的政府资助部门转变为自负盈亏的机构。

目前，房屋委员会以财政自主为原则，以内部衍生的资金收益，推行公营房屋计划。政府提供 135 亿元免息永久资本及 128 亿元计息借贷资本。房屋委员会收入来源主要是公屋租金、出售剩余的居屋、商业楼宇及设施租金等，并于 2005 年将部分零售及停车场设施分拆上市，套现 340 亿元。在 2006—2007 年度，公共房屋支出约占政府整体支出的 6%；房屋委员会有现金储备约 570 多亿。政府无偿拨付土地给房屋委员会，用以兴建公屋（包括非住宅楼宇及设施）。

二　香港住房保障的机构建设

1973 年之前，香港的公共房屋主要由香港房屋协会、徙置事务处和香港屋宇建设委员会对公屋进行建设和管理，1973 年之后，房委会成为香港地区负责住房保障政策的制定和实施的唯一合法主体，负责香港大部分公营房屋计划的制订和推行。目前香港公共房屋的管理机构主要有房屋局、房屋委员会和房屋协会。

（一）房屋局

房屋局局长负责制定提供公营及私营房屋的策略政策，以及统筹和监察政府部门、香港房屋委员会、香港房屋协会及私人机构在落实这些政策方面的工作。房屋局其他人员协助处理有关工作。

（二）香港房屋委员会

香港房屋委员会，是香港地区负责住房政策的制定和实施的唯一合法主体，成立于 1973 年，拥有独立的财政支配权，负责制订及推行香港的大部分公营房屋计划。房委会负责策划及兴建公营房屋，把公屋出租或出售给低收入人士，此外房委会还负责管理公共屋村、中转房屋、临时收容中心、分层工厂大厦，及附属商业设施和非住宅设施，如商场、街市铺位及停车场。这些管理工作越来越多以合约形式，批予私人机构承办。同时，房委会还负责执行私人机构参建居屋计划和自置居所贷款计划。2003 年 3 月修订房屋条例的相关条文后，香港房屋及规划局局长获委任为房委会主席。房委会成员包括主席、副主席、两名官方成员及 28 名非官方委员，全部由行政长官委任，所有非官方委员都是以个人身份接受委任，在房委会中并不代表他们所属之机构或团体。

房委会注重成员在社会和专业背景方面的多元化。房委会辖下不同的常务小组委员会，分别负责处理策划、建筑、投标、商业楼宇、财务及资助房屋等九项事务，而且每个季度都要例行召开会议，对委员会本季度的工作进行检测和评估。小组成员除包括房委会委员外，还邀请各界人士担任，广泛代表不同的专业领域和社会层面，以确保房屋政策的研究和制定，能反映社会不同阶层的意见。对于房屋事务，房委会聘用专业房屋事务经理管理辖下房屋。

房屋署是房委会的执行机构，负责公营房屋的经营、建造、房地产管理及实施等具体工作。房屋署还协助房委会主席制定房屋政策，并致力为有需要的市民提供租住公屋、审核各类公营房屋资助计划的资格准则。房屋署的许多职员都接受过经营、社会、政治、法律、技术等方面的专门培训，他们以小组形式合作处理各类问题，逐步形成了一种灵敏、高效、专业的反馈系统（见图1）。比方说，如果公屋的使用者对于住宅的设计和政策有什么意见和建议，住房管理人员就会将其传达给相应的小组成员，以便于设计和政策上的调整和改善。

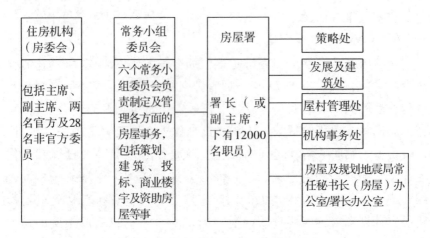

图1　香港房屋委员会组织架构

资料来源：深圳市住房研究会。

（三）香港房屋协会

香港房屋协会成立于1948年，是一个独立的非营利性机构，主要负责策划和兴建一些特定类别的公营房屋，特别是介于政府和私人住房市场之间公营房屋，如承担"夹心阶层居屋计划"，以住户可以负担的租金或价格，把房屋出租或出售给特定类别的人士。

为帮助首次置业人士，房屋协会代政府推行首次置业贷款计划。房协又通过市区改善计划，协助推行市区旧楼重建工作。房屋协会的组织结构由监事会和执行委员会构成，监事会成员不超过25名，执行委员会成员共有 12 人，监事会和执行委员会成员均是义务参与房屋协会的工作。

三　香港住房保障的历史沿革和实施情况

香港地区的住房保障政策是通过施行公营房屋制度实现的。通过五十余年的摸索、发展、完善，香港公营房屋制度取得了长足的进步和显著的成绩。

（一）历史沿革

（1）20 世纪 50 年代，为解决石硖尾大火灾民的居住问题、缓解城市人口剧增带来的住房压力，政府成立了专门的机构（徙置事务处和屋宇建设委员会），为低收入的家庭提供廉租住房（公屋）。

（2）70 年代，香港经济腾飞，政府和市民的收入都有很大的提高，1972 年，政府开始实施 10 年建屋计划，拟在 10 年内为 180 万市民建设公屋，此计划为公营房屋的新架构和发展奠定了基石。1976 年，香港政府宣布推行"居者有其屋计划"，旨在让市民购置政府建设的居屋。为扩大建房规模，1978 年，政府又提出了"私人机构参建居屋计划"。

（3）1987 年，在持续推行公营房屋发展计划达三分之一个世纪后，香港市民对房屋需求有巨大的改变，对租住公屋的需求相对稳定，但对居屋的需求大幅上升。此时香港政府全面检讨房屋政策，并发表一份规划至 2001 年的房屋发展蓝图，以推行长远房屋策略。

（4）1997 年，为保持社会稳定和培养市民的归属感，政府一整年均忙于检讨 1987 年的长远房屋策略，进一步推行自置居屋和补助房屋生产者的政策。1999 年，政府还推行了"租者置其屋计划"，让租住公屋的市民能够购买所租住的房屋。

（5）2002 年，由于过去五年房屋市场持续低迷，市民对居屋的需求下降，楼价累计跌幅达 60%，香港彻底改变过去自置居屋的资助办法，取而代之的是沿用至今的租住资助办法。同年 6 月，香港政府对公营房屋架构进行全面检讨，组建了现行行之有效的住房管理系统。

（二）实施情况

从 1954 年香港政府建造了首批 8 栋 6 层高的公屋开始，经过 20 多年的建设，到 1981 年时政府公营房屋的居住人口已经达到了 200 万人，到 2005 年，香港 600 万人口中超过 50% 都居住在公营房屋里，租住公屋单位的数目为 64.8 万个，占全港房屋单位总数约三成。在最近三年，香港政府每年新建的公屋都保持在 2 万套上下，每年能够保证编配大约 2.5 万套公屋供中低收入家庭租用。

四　香港地区做法和经验总结

从对香港公共房屋政策的研究来看，香港住房保障制度成功的主要原因是由于其具有政策措施得当、连续有效，拥有完善的住房保障体制机制，专业化的运营和管理，政府土地政策的支持和资金的有效供给，规划计划科学合理等特点。

（一）政策措施得当、连续有效

香港政府之所以能够很好地解决香港居民的住房问题，关键是香港政府把住房保障作为香港政府社会政策的重要组成部分，采取了一系列措施得当、连续有效的住房保障政策，如成立相应的房屋管理机构负责居民的住房保障问题，在公营房屋的资金、土地等方面给予大力支持，制定严格的监督管理机制，从而使其发挥了社会稳定剂的作用。在经济社会发展的不同阶段，港府科学、合理、有步骤地制订住房保障规划计划，帮助中低收入阶层在可承受的范围内能够解决住房问题，最终在解决广大中低收入居民的住房问题方面取得如此瞩目的成绩，并不断朝着实现住房保障"居者有其屋"的最终目标迈进。

（二）拥有完善的住房保障体制机制

1. 准入机制

如何使保障房提供给真正有需求人士，是住房保障制度成败的关键。香港公营房屋政策经过多年的发展，建立了严格的收入划分标准、资格审查制度以及退出机制等，形成了完备的操作程序，实现了有效使用稀少公共资源来促进公平、合理分配有关资源，以确保住房保障政策保障到真正有需要的居民。如，入住公屋的家庭分为：受清拆、重建、天灾等影响而无家可归者；因体恤理由而需要房屋安置者等五类。一般家庭申请公屋则必须现居香港并具有香港居留权，申请人及其家庭成员在香港不得拥有任何住宅楼宇以及申请人及其家庭成员的每月总收入和当前的总资产净值不得超过房屋委员会规定的最高收入及总资产净值限额等规定。

2. 退出机制

一是建设定期申报制度。1996 年 4 月，房委会通过实施"维护公屋资源合理分配政策"，规定收入和净资产值两项准则，作为衡量公屋住户是否继续享受公屋资助的资格。在公屋居住满十年的租户，须两年一次申报家庭收入。收入和净资产值超过所定上限或不申报收入和净资产的租户，须缴交市值租金并于一年内迁出所住的公屋单位。

二是成立专门执法机构。房屋署成立了特遣队，严打滥用公屋问题，包括空置公屋、将单位分租、将公屋做不法活动、将公屋做其他用途及虚报入息等。房屋署还成立了 100 多人的"善用公屋资源小组"，专责落户巡查，严格审查公屋住户的收入及资产申报。

除正常审查外，房屋署还成立一支由 30 名调派自前线管理办事处的资深人员组成的专责队伍，对有疑点的个案进行逐个击破。在 2009 年至 2010 年度严格审查了 5300 宗个案，查获约 600 宗虚报个案，其中约 100 宗的涉案者已被检控和定罪。

三是制定屋村管理扣分制。屋村管理扣分制于 2003 年起实施，涵盖 27 项不当行为，以促进个人及屋村环境的卫生，建立持久健康及清洁的居住环境。违规租户被扣 3、5、7 或 15 分（按不当行为的严重性），两年内被扣分累计达 16 分，租约会被终止。

四是提高违法违规成本。若住户虚报资料，房屋委员会可终止其租约，并可根据法律规定予以检控。香港房屋条例规定，任何人士如故意向房屋委员会虚报资料，即属违法，一经定罪，可判罚款 20000 港元及监禁 6 个月。

3. 流转机制

为增加居屋的流转量，建立内部循环的机制，房屋委员会于

1997 年 6 月正式推行居屋第二市场计划。即使目前房屋委员会已停售居屋，但居屋第二市场仍正常运转。买受人购买居屋满两年的，在无须补价的情况下，可通过居屋第二市场将住房面向其他符合居屋申请条件家庭转让；或在补价后进入商品房市场，以出售、出租或以其他方式转让。

自从定期申报制度实施以来，房屋署已成功收回约 3.4 万个公屋单位，重新编配给有需要的人士入住。同时，现有约 1.6 万个公屋住户需缴交额外租金，数额每年约达 1.7 亿港元。2004 年 2 月，房屋署成立特遣队，专责调查滥用公屋单位的富户，2004 年共约八百多间公屋单位被收回，分别属于被非法使用、丢空或转租的单位。

（三）专业化的运营和管理

香港公屋计划得以成功的主要因素之一，是自开始兴建公屋以来，就有相应机构专门负责公屋事宜。1973 年新的香港房屋委员会成立以前，香港各类政府公屋由不同的部门兴建和管理，包括工务司署兴建、徙置事务署管理的徙置区；工务司署兴建、委托前香港屋宇建设委员会房委会前身管理的政府廉租屋；前香港屋宇建设委员会辖下的公屋。1973 年，香港房委会根据房屋条例成立，合并了原属不同系统的公屋，根据政府整体房屋政策大纲，负责统筹所有政府公屋供应、编配和管理事务，通过其执行部门房屋署规划及兴建公屋。

（四）政府土地政策的支持

香港公屋计划的成功也离不开政府土地政策的支持。公共房屋的供应情况在很大程度上取决于政府的土地政策。香港政府对公屋建设最大的资助是免费拨地给房委会。政府定期及准确评估房屋需求，供应足够建屋土地并提供配套的基础设施。

为达到土地供应平稳，政府尽量灵活和弹性地处理土地供应，并订立了一套拨地准则，决定对私营和公共房屋用地的供应，为不同密度的私营和公共房屋订立适当的比例，集中用面积较大和发展密度较高的土地来发展公共房屋。房屋用地督导委员会审批土地发展用途，预测房屋发展所需的土地供应量，以及公共房屋的供求。

通过细致的规划，房委会尽量避开在城市贵重地皮上兴建公屋，以善用资源，让政府将贵重地皮出售作私人物业发展或其他营利性项目，避免公共房屋用地和其他土地用途之间的冲突并使政府能够获得最大化的卖地收入。

香港政府提供给房委会兴建公屋的土地包括已平整和未平整土地。房委会并不负责土地的平整工程，政府承担公屋新地盘平整工程所需的款项。这就使得房委会避免了平整土地过程中可能遇到的诸如汇集土地和收地过程中当地居民的强烈抵抗，各有关政府部门冗长的磋商、评估，重新分区的冲突等种种困难，并大大降低了房委会提供公屋的成本。

（五）有效的资金供应

充足稳定的资金是公共房屋成功发展的必要条件。香港公屋建设的资金来源途径主要有两个：一是政府通过免费拨地、拨出资本和贷款提供资助；二是房委会通过出租公屋及其附属商业楼宇、出售自置居所单位获得维护及兴建公屋所需的资金。

在香港建设公屋的初期，香港政府通过直接注资或提供土地的方式，资助公屋的发展。1973 年，新的房委会成立后，政府以免费拨地及贷款的形式提供资助。1988 年，房委会进行改组，由政府资助部门成为自负盈亏的财政独立机构，但政府仍免费拨地及以优惠条件拨出资本对其提供支持。根据房委会与香港政府在 1988 年达成的财政安排和 1994 年达成的补充协议，政府对房委会之前的部分投资 135 亿港元，成为无息永久资本。由前"居者有其屋计划基金"转拨的 28 亿港元现金结余，以及政府于 1988 年与 1993 年期间注资的 100 亿港元，转换为有息借贷资本，房委会须分 14 年以 5% 年息逐季向政府偿还上述的借贷资本。"居者有其屋计划"屋苑和公屋非住宅部分的土地价值作为政府对房委会非住宅楼宇的股本投资，政府与房委会平均分配房委会经营公屋及"居者有其屋"屋苑内的商业设施所获得的净营运盈余，作为对政府该项投资的回报。

在房委会停止出售资助自置居所以前，公屋租金收入是房委会仅次于出售资助自置居所收入的第二大收入来源，但由于房委会长期奉行低租金的政策，出租公屋一直以赤字运行，需要巨额补贴。房委会通过出租公共房屋附属的商业设施，以及通过各种自置居所计划出售房屋，来资助兴建公屋的庞大资本开支和补贴公屋营运开支的长期巨额赤字。出租公屋附属商业楼宇是房委会稳定的收入来源。房委会辖下公屋小区附属设施齐全，不仅方便居民生活，也使房委会成为香港最大的商场及停车场设施业主。通过出租公屋附属商业楼宇带来的盈利虽然没有出售资助自置居所可观，但却为房委会提供了一个稳定的收入和盈利来源。其运作盈余基本上可以抵销同年租住房屋的运作亏损。房委会通过各项自置居所计划出售房屋，是其最重要的盈利来源。这些资助自置居所计划，协助中等及低收入家庭，以远低于市值的价格置业，不仅提升了自置居所的比率，也使房委会从中获得大量的盈余。特别是在政府1987年长远房屋策略的推动下，房委会加大了出售资助自置居所的步伐，这部分收入成为房委会最重要的盈余来源，足以应付兴建公屋所需的资本开支。自2003年起，房委会停止各项出售自置居所计划，对其财务状况产生了重要的不利影响。2003—2004年度房委会整体运作赤字达5.89亿港元。

如果没有其他大笔收入来源，房委会难以自负盈亏维持公屋的持续发展。为此，房委会决定通过分拆出售辖下零售和停车场设施，成立领汇房地产投资信托基金，并于2005年11月在香港联交所成功上市，弥补了房屋委员会因停止出售居屋而出现的预算赤字。

（六）规划计划科学合理、与城市发展紧密相连

香港住房保障取得巨大成功很重要的一个原因便是针对当时社会的住房状况，制订了一系列住房发展计划，而且这些住房发展计划是阶段性的，每时期的计划均有其主要政策目标。香港地区根据当地经济发展情况和人们不同时期、不同收入水平的需求，制订了一系列的住房计划，建立了多层次的住房保障体系。

（1）徙置区计划。1953年圣诞，石硖尾木屋区一场大火令5万人无家可归，为紧急安置灾民香港当局的"徙置事务处"开始兴建"徙置屋"，由此香港政府开始发展公共房屋。

（2）廉租屋计划。1961年，由于香港放宽了移民限制，香港人口增加到300万，为此香港政府兴建廉租屋，为月收入400港元以下的家庭提供居所。

（3）临时居屋计划。1964 年，港府又推出"临时房屋区计划"，以安置那些不符合入住公屋资格、没有能力租住私人楼宇的居民。

（4）十年建屋计划。1972 年，当时的港督麦理浩爵士宣布实施一项"十年建屋计划"，从 1973 年到 1983 年，这十年解决了住在贫民窟和木屋的 150 万居民的住房问题。"十年建屋计划"包括市区人口扩散计划、居者有其屋计划和私人部门参建计划。

（5）长远房屋策略。20 世纪 80 年代香港大多数居民的基本住房问题已得到解决，此时的居民渴望拥有一套较体面的自有住宅，为适应这种变化，港府在 1987 年宣布了"长远房屋策略"。"长远房屋策略"主要由"私营部门优先策略""自置居所贷款计划"和"夹心阶层居屋计划"等构成。

有效的公共房屋政策还必须与整体的城市规划和地政政策相配合，为公屋租户提供方便的交通网络、商业设施及其他配套设施，才能保障租户的生活质量。在公屋的发展中，香港房委会不仅在城市规划中扮演积极的角色，着力建设有效率的公屋社区和发达的交通网络，还尽量争取各项配套设施的同步完成，并通过对公屋进行持续的维修、改善和重建计划，提升公屋的居住条件。每个屋宇的建设，都由一个小组定期审查各方面工程的进展。房委会的执行部门房屋署不单负责协调内部屋宇建设工作的进度，同时还和政府其他有关部门建立紧密联系，保证屋宇建成之后，其他必需的设施如水电、公共交通服务等可以配合投入服务。

香港的中心城区香港岛和九龙地区开发时间较长、人口多集中在这里，现在没有空置的土地可供开发，而新界地区人少地广，有广阔的发展空间。港府从 1972 年的"十年建屋计划"开始，就把"公屋""居屋"建设在新界，同时开通多条地铁线路，在居住区附近兴建学校、医院、商业区等，带动了整个新界地区的发展。2009年 11 月 17 日，港府公布了新界东北地区的发展蓝图，借助现有的港铁古洞站，率先在古洞北及粉岭北兴建公屋，整个发展区 2019 年完工，预期三个新发展区人口会从当前的 8000 人增至 13 万人，并制造 4.5 万个就业机会，而住宅供应可满足中长期的房屋需求。同时还在打鼓岭预留 46 公顷土地发展六大优势产业，沿粉岭公路会用

作商业、酒店及科研发展。区内亦设有医院，并预留土地配合落马
洲河套区的发展。①

①　李小兰：《论我国城镇住房保障制度建设——香港住房保障政策与模式的启示》，武汉科技大学，2007 年；刘超奇：《公共租赁住房模式研究——以深圳为例》，华中师范大学，2008 年；夏素莲：《香港住房保障制度研究及其对大陆的启示》，武汉科技大学，2009 年。

新加坡公共住房情况简介

新加坡政府认为解决居民的住房问题是其基本职责，新加坡通过政府的强力介入，采取政府规划、建设和分配与市场出售相结合的形式，使大多数中低收入者的住房由政府投资建设并实行有偿提供，高收入者的住房由市场提供，并创新建立了公共组屋制度和中央公积金制度，新加坡通过这种模式成为世界上住房问题解决得最好的国家之一。

一　新加坡住房保障的基本情况

新加坡为普惠制的住房保障制度的代表。鼓励居民购买国家建设的低价住房为目标。新加坡的住房保障针对的是占社会绝大部分的中低收入群体，仅将高收入人群划分到商品化住房市场中。可以说，新加坡的住房供应属于"政府强干预下的市场调节补充型"。在政府强力的干预下出台了住房保障法律法规和包括日常管理、土地资金解决等一系列政策措施，形成了完善的住房保障制度。主要包括：1955 年颁布的《中央公积金法》；60 年代颁布的《新加坡建屋与发展法令》《建屋局法》《特别物产法》和《土地征用法令》等。

其中，《新加坡建屋与发展法令》《建屋局法》和《特别物产法》三部法律文件是为了完善住房法律体系，更好地进行公共组屋建设；《中央公积金法》是利用住房公积金解决住房建设资金难题；《土地征用法令》是为了保证大规模公共组屋建设所需的土地资源。

二　新加坡住房保障机构建设

（一）公共组屋的建设和管理机构

1960 年 2 月 2 日，新加坡政府按照《住宅发展法》第 271 章（Housing and Development Act，Chapter 271）成立了"房屋发展局（Housing & Development Board，HDB）"。它是法律及国家发展部（1975 年改为国家发展部）一个法定的独立部门。因此，接受其监督。

1. 房屋发展局概述

HDB 创建时隶属于新加坡司法和国家发展部（Law and National Development），从 1975 年开始又隶属于国家发展部。为了便于协调和有效实施公共住房及其他开发计划，公共住房及其有关的所有项目都集中在房屋发展局的统一领导之下。现在的房屋发展局董事会由主席、副主席和 6 名委员组成，他们均由国家发展部部长任命。董事会以下是执行长官及副执行长官，他们负责董事会及各部门的联系。房屋发展局现有雇员 8358 人，共 3 个处，另加 1 个内部审计部。内部审计部直接向董事会主席报告，行政上由主管物业及行政处的副执行长官负责。

2. 房屋发展局的职能

房屋发展局的基本职能包括实施政府确定的建屋计划、征用土地、拆迁旧屋、规划设计住宅区、策划基础设施建设、安排承包商承建房屋以及负责公共住房的出租、出售和管理。概括起来 HDB 的主要工作包括以下两方面。

一方面，为合格居民提供可承受的住房及配套设施，他们既可出售，也可出租。自成立以来，HDB 一直全面负责公共住房工作，其中包括规划和设计、征地和开发、招标和分配、经营和管理、维修与改造等。

另一方面，提供物业管理服务。HDB 作为物业管理者主要负责：第一，物业管理范围内公共设施的维护、维修和园林绿化等；第二，为政府制定相关政策法规和利率、税收等提供依据；第三，负责公共房屋的分配和买卖、补贴等；第四，社区服务和发展。HDB 的 11 个区办事处负责各区内的公共住房物业管理，由 HDB 的总部行政处负责协调。区办事处一般设立维修、租约、环境清理、园艺和停车场等 7 个组，各组都规定了明确的管理质量和工作条例，分别负责各项具体业务。

3. 房屋发展局的性质

房屋发展局是一个半官方机构，作为政府部门，它制定公共住房政策、为居民提供住房保障。它既是政策的制定者，又是政策的执行者。作为政策的制定者，它是新加坡开发、建设、经营和管理公共住房的唯一权威机构，拥有广泛的立法权，有为实施公共住房政策而在财政、土地、人力等资源方面拥有的调配权。作为政策的执行者，它除了为有资格的居民提供出售或出租的公共住房外，还提供住房物业管理服务，在改善住房建设技术方面也起着积极的作用；还在居民委员会和公民顾问委员会的协助下，为公共住房的社区发展提供支持。

作为非政府部门，它是住房发展商和物业管理者。在建房过程中，政府专门拨出国有土地和适当征用私有土地供房屋发展局建房之用，政府在资金和土地方面给予支持。从某种意义上讲，一方面，新加坡房屋发展局既是开发商，又是业主。另一方面，HDB 可以自行决策经营管理，具有较大的灵活性。HDB 已成为新加坡最大的住房发展商和物业管理者。

（二）中央公积金管理和运营机构

按照《中央公积金法》的规定，中央公积金由中央公积金局进行统一管理。

中央公积金局受中央公积金局董事会的指导，具体负责公积金的归集、管理、运用和偿还，接受总审计署的监督。公积金局设理事会，由 11 位理事组成，理事会每两个月召开一次会议，商议公积金归集和使用等重大问题。日常管理工作由总经理负责，总经理是公积金局的最高负责人，由国家总统直接任命。下设雇主服务、雇员服务、人事管理、计算机管理、行政管理和内部审计六个部门，各由一名高级经理负责。全局除设两名副总经理外，一律不设副职。现在全局共有员工 1100 多人，每人都有明确的责任、权力和工作程序。整个工作有条不紊，效率很高。

目前中央公积金局管理的公积金数额约 600 亿新加坡元（相当于 3000 亿元人民币），是新加坡的"最大财东"，每年公积金的运营都创造数亿元的利润，但公积金局员工实行的是类似政府公务员的职级工资制度，其工资收入不和公积金运营的经济效益挂钩。

中央公积金局不负责公积金的运营增值，公积金的存款利息全部由政府开支，存款利息随经济形势而进行调整。中央公积金局将公积金交给国有的新加坡政府投资公司（GIC）进行运作，这样可以保证公积金由专业的投资公司运作以获得比较稳定的投资收益，并将投资收益最大化。GIC 每年与政府协商，确定中央公积金的运营收益分配。GIC 追求长期年 5% 的利润率，超过公积金存款利息以上部分的盈利归 GIC 所有；如有亏损，则由政府动用国家储备金填补，确保公积金缴存人的利息收益。

三　新加坡住房保障主要内容

新加坡的住房制度是计划与市场相结合的典型案例，是以政府计划供应组屋为主、私宅（商品房）市场供应为辅。主要包括住房公积金制度和公共组屋制度为两大支柱的福利型住房制度。

（一）公共组屋制度

1. 公共组屋概念

新加坡的公共组屋是指由政府投资建设并实行有偿提供，价格由政府统一规定，一般以低于市场价出售或出租给中、低收入者的公屋。

2. 公共组屋类型

为满足不同人口、不同收入家庭的住房需求，新加坡政府针对中、低收入家庭设计和建造了不同类型的组屋，供家庭选择。可供购买的房屋类型包括二房式（一房一厅，45 平方米），三房式（二房一厅，60—65 平方米），四房式（三房一厅，90 平方米），五房式（四房一厅，110 平方米）和公寓式（130 平方米）；此外政府还为低收入家庭建有一房（33 平方米）用于租借（见表 1）。

表 1　　　　　2005 年 HDB 所管理住宅的房型构成一览表

		1Rm	2Rm	3Rm	4Rm	5Rm	其他	合计
售出住宅	住宅单位数（个）	653	6584	217058	329797	207879	68061	830032
	所占比例（%）	0.08	0.79	26.15	39.73	25.04	8.20	100.00
租用住宅	住宅单位数（个）	19491	22599	6351	619	0	0	49060
	所占比例（%）	39.73	46.06	12.95	1.26	0.00	0.00	100.00

续表

		1Rm	2Rm	3Rm	4Rm	5Rm	其他	合计
合计	住宅单位数（个）	20144	29183	223409	330416	207879	68061	879092
	所占比例（%）	2.29	3.32	25.41	37.59	23.65	7.74	100.00

资料来源：新加坡 HDB 网站。

3. 组屋的产权

政府提供的组屋的地契为 99 年，但由于组屋的土地来源、建设费用和销售补贴中，政府都给予了大力的支持，所以新加坡居民取得组屋的产权从一开始就是受到限制的，类似于深圳市原来的安居房"不完全产权"概念。

新加坡组屋的转卖条件，要求屋主拥有及实际居住组屋至少达 5 年，即可进入市场交易，但政府要抽 10%—25% 的附加费，此后组屋即可再不受限制，也就是我们通常所说的获得完整产权。随着经济的快速发展，住房的增值率也很高，5 年后增值都在 300% 左右，因此考虑到货币本身的增值作用，出售者总能得到一笔相当的收益，国家也不再收税费，只根据规定将原购买住房时所动用的公积金以及其利息如数再存入公积金局。因此，从产权意义上说，住满 5 年就是完全产权，虽然组屋与市场房价相去甚远，但政府并未收取增值收益，等于是政府在为全新加坡的中低收入者提供福利。

如果屋主居住组屋不满 5 年时卖掉组屋，政府规定屋主只能将组屋回卖给政府，政府照原价收回，且不收租金（也就是深圳市政策性住房的回购和以息抵租政策）。回收的组屋，政府再将其重新纳入组屋分配编制，这是一条重要的限制，其实也是一种产权约束。

4. 组屋的价格

公共组屋的价格由国家环境发展部决定。政府定价的主要因素包括：（1）HDB 用可支付指标来衡量价格。其中主要考虑的因素为 90% 的首次申请者可负担的三房式价格，以及 70% 的首次申请者可负担的四房式价格。（2）国民收入状况及 CPF（中央公积金）储蓄状况。（3）申请者要求房屋类型。同时政府在决定房价时还要结合当时的私人房屋市场价格以及房屋所在的位置区间。

由于组屋价格不包括征地成本，且低于建筑成本，因此，其价格比同类商品房至少低 50%—70%。就整个新加坡而言，组屋总售价相当于购房者家庭年收入的 5 倍左右。加之"月供"占月收入的比例并不高（低于 20%，少于公积金余额），符合条件的购房者还可以向建屋发展局（现已逐步过渡到商业银行）申请优惠按揭贷款，所以新加坡公众购房压力不大。

5. 公共组屋申请资格

"居者有其屋"计划为新加坡公共组屋建设确立了基本框架，组屋申请资格的有关标准是该框架的主要构成之一。申请资格包括以下四个主要因素：

（1）公民权。它规定申请者必须是新加坡公民，而共同申请的其他成员必须在新加坡居住。

（2）无私有房产。那些拥有私有房产的居民不能申请购买组屋，甚至那些想放弃其私有房产再申请购买组屋的申请者也必须在其具备组屋申请资格的 30 个月后才能申请购买组屋。

（3）收入水平。家庭总收入超过收入限额标准的家庭不能申请购买组屋。随着经济发展和收入增长，政府也不断提高申购新建组屋的家庭最高月收入标准：1964 年为 1000 新加坡元，1982 年为 3500 新加坡元，1994 年为 8000 新加坡元（2007 年仍为 8000 新加坡元）。

（4）家庭构成。建屋局规定新建组屋的申请者必须形成"核心家庭"。新加坡的组屋政策一直把家庭放在重要的地位，但这并不意味着公房政策的大门对那些没有组成核心家庭的单身者是关闭的。家庭构成的规定有特例，比如老年人计划和孤儿计划等。

根据"登记公房制度"，申请者必须注明公房的类型和地区，登记号码将以先后顺序发出，申请者也将依据登记号码的先后选购公房。为确保公房分配合理，以加强社会家庭凝聚力，建屋发展局制定了购屋条件和优先分配计划。合格条件是：（1）直接向建屋发展局购屋条件：新加坡公民；年满 21 岁；必须组成两人以上家庭；每月家庭总收入不超过 1500 新加坡元（申请三室）或 8000 新加坡元（申请四室或五室）；不得拥有私人房产。（2）在公开市场利用"公积金房屋津贴"购买转售公房的条件：新加坡公民；年满 21 岁；是两人以上家庭；没有私人房产；未直接向建屋发展局购屋或享用过任何房屋津贴。（3）在公开市场不利用"公积金房屋津贴"购买转售公房的条件：新加坡公民或新加坡永久居民；年满 21 岁；必须是两人以上家庭；没有最高收入限额；在某些条件下能拥有私人产业。

此外，HDB 运作的一个基本原则是坚持已婚家庭比未婚单身者更需要住房，公共组屋申请资格也不鼓励年老或年轻的单身者独立居住。

（二）中央公积金制度

1955 年，新加坡建立了中央公积金制度。鼓励低收入阶层购买住房，1968 年 9 月，中央公积金局推出了"公共住屋计划"，规定公积金会员可动用公积金存款购买新的或是转售的建屋发展局组屋。住房公积金保障制度还有效地解决了老百姓无力购房的难题，进一步加速了公共住宅的建设。

1. 中央公积金制度概述

中央公积金制度是一项全面的强制储蓄制度，规定雇主（不论是私人机构还是国家机关）和雇员都必须以雇员的薪金为基数，按照法定的公积金缴纳率将个人月薪的一部分存入中央公积金局的个人账户，用于退休、住房、医疗、教育等诸多方面。

2. 中央公积金的缴存和使用

中央公积金制度建立的目的是通过公积金这种强制储蓄制度，预先筹集个人养老资金以解决职工的养老问题。之后，随着居民收入的提高，公积金存款大幅度提高，政府允许公积金会员动用存储的公积金购买政府组屋和政府提供的保险，公积金制度逐步向着整个社会的保障体系方向发展。

（1）中央公积金缴存比例

50 多年来，中央公积金的缴存比例共进行了 13 次调整，缴交比例从 1955 年的 10%，提高到 2007 年的 34.5%（雇主 14.5%、雇员 20%，计算基数是基本工资）。对于不同年龄段的雇员，缴存比例有所调整，总的来说，随着年龄增大，个人缴交比例有所下降。

（2）中央公积金缴存对象

《新加坡中央公积金法》规定，凡在新加坡有薪金收入的人（一般是公民和永久居民），必须与其雇主将月薪的一部分缴存在中央公积金局，无故不缴，公积金局可以强行划账。迟缴要罚缴滞纳金。由于中央公积金全部免征个人所得税，并且只有参加公积金的人才可享受租屋低息贷款，所以，自雇人士也愿意交中央公积金。

3. 中央公积金的住房贷款

中央公积金发放的住房贷款主要有两类：（1）向 HDB 发放公共住宅建设贷款。贷款分为两种，一是用于兴建供出租的公共住宅，期限 60 年；二是用于建造出售的公共住宅，期限 10 年。（2）向买房的个人提供贷款。买房的个人除占房价 20% 的首期付款可以支用自己的公积金外，余下 80% 的房价可以用中央公积金局的贷款支付，以后分期偿还本息。这一类贷款也有两种，一是购买 HDB 所建公共住宅 80% 房价的住房贷款，期限 5 至 20 年，但此类住房的室内装修费用不能动用公积金。二是购、建高级住宅的贷款，会员经过申请和批准，可以提取自己的公积金自行建造或购买政府住宅产业计划下的高级住宅。如果本人的公积金存款不够，可以向中央公积金局申请住房贷款，这种贷款优惠较少。

此外，购房者从公、私营银行借贷的住宅贷款也可用每月缴纳的公积金作为分期付款之用。因为公积金会员都有公积金储蓄作为偿还的保证，所以公、私银行都愿意提供专项的优惠住房贷款。以新加坡邮政储蓄银行为例，其贷款条件是，贷款加上购房者使用公积金作为首期付款的数额可达房价的 100%，还款期限最高可达 25 年，可动用公积金摊还分期付款本息；银行提供短期贷款用于购房资金周转，然后以公积金摊还。

四　新加坡住房保障的历史沿革与实施情况

（一）新加坡住房保障的历史沿革

1963 年，时任新加坡总理的李光耀通过建屋发展局（HDB）公布了政府的"居者有其屋"计划，他指出："要让每个家庭都有自己的住房。"一直以来，新加坡政府秉承李光耀的住宅发展理念，并使之成为新加坡政府的基本国策。

1. 陋屋区时代（20世纪20—50年代）

从20世纪20年代早期开始，新加坡许多人的住家都是在拥挤的陋屋区，卫生、照明或通风设施缺乏。因住房短缺日趋严重，当时的英国殖民政府于1927年设立了新加坡改良信托局，专门负责清理陋屋区，并为陋屋区的搬迁居民提供住所。到1947年，全国人口增加2倍之多，达到100万。在新加坡改良信托局存在的32年中，共建造了23000个单位的住房，当时只能为不到10%的人解决住房问题。

2. 推出居者有其屋计划，解决屋荒（1960—1970）

面对严重的房荒问题，新加坡于1960年成立了建屋发展局。它是国家发展部属下的法定机构，也是新加坡唯一的公共组屋建设和管理机构。建屋发展局就在成立之初的短短8个月内，完成了为1961年河水一带火灾灾民重新安置家园的任务。建屋发展局的目标一开始就非常明确，就是为低收入人民提供廉价房屋。它制订了一个全面的五年计划，并由此引出以后的多个五年建屋计划。为了鼓励人民拥有自己的组屋，建屋发展局在1964年推出"居者有其屋"计划。到1960—1970年，HDB为新加坡公民提供了12万套政府组屋，为40万人解决了住房问题。

3. 建设新市镇，大量增加住房供应（1971—1977）

随着房屋短缺问题逐渐解决，建屋发展局开始专注于开发更宽敞舒适的组屋，以及设施齐全的新市镇。通过完善的规划，宏茂桥、勿洛及金文泰等市镇都拥有丰富齐全的设施，如市镇中心、邻里中心、巴士转换站、学校、体育场、公园及工厂。到20世纪70年代中期，超过一半的人口住在政府组屋。市镇规划也更趋成熟。镇内的居民可轻易地在住家周围找到诸如民众联络所、图书馆等休闲场所。

4. 建设综合性社区，提供全面的居住环境（1978—1988）

到20世纪80年代初期，大约70%的人口住进政府组屋。随着住房供应方面经验的日趋完善，新加坡环境既可满足居民在休闲方面的需求，让他们方便地使用各种设施，同时也能增强社区的凝聚力。80 年代后期，超过 85% 的人口住在政府组屋。

5. 改进组屋的质量与服务，开展老城改造（1989 年至今）

新加坡除了为大众建造新的家园，也为较旧的市镇提供"组屋更新计划"。包括主要翻新计划——把旧的住房修复到当前新住房的标准；电梯翻新计划——为那些没有在每层楼设有候梯坪的高楼提供这项设备，让老龄人及行动不便的居民进出更加方便；选择性整体重建计划——为了更好地利用土地，有选择性地将旧的组屋拆除，并在附近地段为受影响的居民提供新的住房。政府通过组屋区更新计划，以系统化的方式重新发展屋龄较久的市镇或社区，以便和新的组屋发展相互融合。这些市镇或社区将大大改善生活环境，提升居民生活质量。

"组屋更新计划"不仅为更多的新加坡人提供了更优美、更舒适的居住环境，较好地提升了整个国家的城市建筑品位和环境质数，更为重要的是它在土地资源十分紧缺的条件下，探索了一条城市空间发展的新路。

（二）新加坡住房保障实施情况

截至 2005 年，新加坡政府已建设公共组屋约 87 万套，87% 的人口住在政府组屋。据新加坡 2005—2006 年报对住房的分类如下所示：其中 82% 是屋主自住组屋，5% 为出租组屋。新加坡政府解决住房的成就得到了世界的认同，1991 年，联合国向新加坡政府所属的建屋发展局颁发了"世界居住环境奖"。

五　新加坡做法与经验总结

新加坡在住房保障上取得了巨大的成功，究其原因也是其住房保障的政策有效，合理的分配，严格的退出机制和日常管理，合理有序的规划计划，专业化的市场运作等。

（一）政府主导、政策有效

新加坡的住房保障属于普惠制，政府的目标就是让所有人都能拥有一套属于自己的住房。

在住房建设发展上，坚持政府主导与市场相结合，以政府主导为主的方针，新加坡政府十分明确自身在解决住房问题上的责任，制订了符合其国情特点的住房政策和分阶段建房计划（每五年制订一个计划），采取了一系列行政、法律、金融和财政手段，大规模兴建公共住房。解决了绝大多数公民的住房问题，且"组屋"的建设标准也是随着居民的生活水平的提升而不断提高，为提升"组屋"建设标准和质量，政府鼓励私人开发商参与"组屋"的开发建设，户型也由原来的"一房式""二房式"发展为从"一房式"到"五房式"等多种类型，以满足不同类型家庭的居住需求。政府和国民都较好地确立了"基本生活保障型住房由政府负责，质量提升改善型住房由市场解决"的住房消费理念（见图 2）。

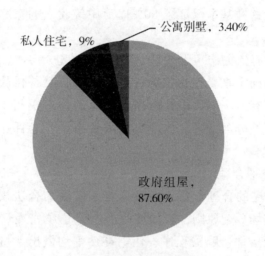

图 2　新加坡住房构成

资料来源：《城镇住房保障》，华泰联合研究所。

在政府总揽住房保障工作的同时，政府对住房保障的服务工作细致入微。组屋的销售虽然归 HDB 负责，其实是全社会参与。在组屋的销售过程中，政府的相关部门，比如税务、规划、重建局、公积金局等分工明确，配合默契，处处为民众着想。比如，公积金局会自己将申请人的购房公积金直接转入建屋局，以免申购人来回奔走。又如，建屋局配有非常宽敞明亮的办事大厅，大厅内设有多个问讯和服务台、电子触摸屏、电子指示屏、资料领取处、歇息处，并设有几十间相对独立的约访工作室，以便保护申请人的隐私。

（二）分配机制、科学合理

1. 分配多层次、多元化

新加坡历任政府都始终不渝地把为大多数民众提供保障性住房作为基本国策。政府不仅仅为低收入群体提供栖息场所，更致力于为占社会大多数的中产阶级提供舒适的保障住房。

政府制定了不同收入水平居民的购屋准入政策，并随着生活水平的提高调整收入上限。在 20 世纪 70 年代，规定只有月收入在1500 新加坡元以下者才可申请购买组屋；80 年代提高到 2500 新加坡元，随后到 3500 新加坡元，目前放宽至 8000 新加坡元，以接纳更多人购买。这样基本保证了 80% 以上中等收入的家庭能够购买到廉价的组屋。

此外，政府依据购房者的经济收入水平区分层次，严格按照家庭收入情况来确定享受住房保障补贴的级别，其首付款和还款额以及还款方式都有所不同，设计出高收入者的住房福利少、低收入者的住房福利多的分配方案，体现出国家富裕了，老百姓也能分享利益的理念。

2. 分配公平合理

为搞好组屋的合理配售，保障低收入家庭的合法权益，实现公平、有序的市场分配原则，新加坡政府制定了缜密而严格的法律法规，对购买人条件、购买程序、住宅补贴等均做出严格规定，按照公平原则进行合理分配。HDB 的售房分配原则是无房者优先，根据申请者需要，确保售房公平分配，并制定了合理有效的申请程序。

HDB 采用的分配方式是先申请先服务的住房分配系统。在这种分配系统中，只有一个申请序号系列，因而出售和出租各有一个排队系列。分配的优先权由申请时间的次序来决定，因而操作简单，易于为公众所接受。（1）申请登记。采用先申请先服务的分配系统需先建立登记程序。从 1974 年起实行分区登记系统，申请者可就某一个区域提出申请。（2）抽签和选择。根据某个区域可分配住房的数量，排在申请该区域组屋轮候队列前面一定数目的申请者可参加由政府官员主持的抽签活动。到 1983 年，抽签方式被更简单和迅速的自选方式所取代。在自选方式中，所有符合分配条件的同一区域申请者，按其轮候顺序从可分配的组屋名录中依次选择其满意的组屋。（3）组屋交换。HDB 专门制定了与组屋分配政策相配套的一系列组屋交换规定。

自 1968 年新加坡大力推行公共住宅出售政策以来，购房者日益增多，如何实现公房配售的合理公平，成为 HDB 的重要课题。起初，政府采用登记配售，以登记的先后顺序出售，后来改为定购制度。每季度公布一次建房计划，定购并申请房屋的人就进行抽签，中签后经过购房审查交付订金后随即签订购房合同，并交付房价的首付款。抽签活动一般由本选区国会议员主持，更增强了权威性和代表性。申请者一般等两年多就可以住上新房。这种办法缩小了各地区、各类型住房的供求差距。

此外，组屋的位置、环境规划、各类房屋的数量、价格全部属公开信息，民众可通过媒体、网络、HDB 等多种途径了解组屋信息，具体选房则通过电脑抽签决定。

（三）严格的退出机制与日常管理

1. 退出机制

建屋发展局的政策定位是"以自住为主"，限制居民购买组屋的次数。《新加坡建屋与发展法》《建屋局法》和《特别物产法》等法律法规规定了一系列措施严格限制炒卖组屋的行为。规定新的组屋在购买 5 年之内不得转售，也不能用于商业性经营。如果实在需要在 5 年内出售，必须到政府机构登记，不得自行在市场上出售。一个家庭只能拥有一套组屋，如果要再购买新组屋，旧组屋必须退出来，以防投机多占，更不允许以投资为目的买房。新加坡居民一旦违反了上述规定，将会受到政府严惩。所有申请租住组屋的人都需要持有有效期内的新加坡工作许可证或相关签证等。由于严格执行了上述措施，新加坡政府有效地抑制了"炒房"行为，确保了组屋建设健康、有序地进行。

根据规定，新加坡人在申购申租组屋时，都必须提供真实可信的资料。比如新加坡人最偏爱的四房式和五房式组屋，政府规定固定家庭月收入不得高于 8000 新加坡元，否则不得购买。同时只有家庭月收入少于 8000 新加坡元的公民才可以向政府提出申请租住组屋。经过对申请者家庭经济状况的严格评估后，政府才会提供组屋供其居住。对于弄虚作假者，当事人将面临高达 5000 新加坡元的罚款或 6 个月的监禁，或者两者兼施。

2. 日常管理

新加坡是管理十分严格的法治国家。新加坡的住宅区由管理居民事务委员会负责，政府要求入住住宅区的居民，人人要自觉维护、执行国家的有关法律法令，对违反者，轻者罚款，重则绳之以法。新加坡的住宅组屋，不管市内还是郊外，都管理得井井有条，干干净净。住宅区内的路灯维护、环境绿化、楼道清理、垃圾清理等都有专人负责，管理也很到位。住宅区的广告，只能在指定的地点张贴和制作，不准乱贴、乱挂、乱画。住宅区内不准聚众赌博、打闹，不准乱扔废物、乱抛垃圾等。对正在施工的工地，要求有专门的木制栅栏加以隔离，工程所用的建筑材料必须整齐堆放，运货车辆必须干净出行，工地周围不允许存放土块和垃圾等。新加坡人都很爱护自己的生活环境。

（四）规划计划合理有序

新加坡的组屋除了"套间""单元"的"屋"的意义外，还包含着其他三方面"组"的含义：（1）居民住房建设是整个城市建设的有机组成部分；（2）促进多元化种族居民的融洽组合；（3）提供多代家庭成员的亲密组合。因此，组屋其实蕴含了安居乐业、民族团结、尊老爱幼的三大和谐社会理念，与当前我国建设和谐社会的总体目标十分一致。

1. 以三级"中心"为基本框架

新加坡的公共组屋按照住宅中心、邻里中心和新城镇三个不同层次的中心进行规划和建设，建设各个中心的原则是不但要充分考虑居民的生活，还要同时考虑居民的娱乐、健身和就业等多方面因数，从而将居住、工作和休闲有机结合起来。新加坡的一个住宅中心（区），大约由 600—1000 户居民组成，中心内植有各种花草树木、环境优美，同时还设有居民娱乐、集会与儿童游戏运动的场所。一个邻里中心，大约由 3000—7000 户居民组成。其内设有商店市场、摊贩中心、医务所、托儿所及住宅管理机构等。一个新城镇，大约由 30000—50000 户居民构成，新城镇内设有完善的各种服务设施，拥有商业中心、百货中心、超级市场、银行、图书馆、电影院、室内外运动场、游泳池、学校和医院等，居民的生活、娱乐、健身、购物、就业和子女上学均很方便。

2. 坚持"以人为本"的规划和设计理念

其一，政府鼓励世代同堂，大家庭的亲人相邻而居，彼此照应。建屋发展局在设计建造组层时，特意设计了三间一套和一间一套相连的新组屋，方便年轻夫妇照顾老人，申请人购买此类组屋时还能享有一些优惠政策。

其二，尽量方便和促进邻里间的交往和接触，以使和睦相处。建屋发展局在设计住宅组屋时，多数楼房一对一地建造，相距较近。每栋楼的一层均为四面通风的室厅，为楼中居民提供休息、娱乐、集会和接待亲友的场所，甚至成为举行婚礼的地方。每栋楼隔 2—3 层，设有一个平台供老年人到户外聊天及观赏周围景物。每一个住宅小区都有 1—2 个儿童游乐场和老年人健身场所，对居民免费开放，住宅区中楼与楼之间以及与公共汽车站之间建成有盖走道，使出入居民免受雨淋日晒之苦。此外，在政策制定和日常管理中，注重人性化，如：（1）破产者仍可拥有组屋，不必被赶走；（2）每个家庭可申请两次新组屋；（3）组屋不能被查封；（4）为老年人提供设施齐全的"乐龄公寓"。

3. 政府鼓励各民族混合居住，力促民族团结和谐

新加坡是一个典型的多民族移民社会，主要是华人，其次是马来人和印度人，宗教信仰有佛教、道教、基督教、伊斯兰教和印度教等。这些民族和宗教都各有自己的祠堂、文字和独特的祭祀活动和聚会，他们在法律上一律平等。政府为促进各民族的交往，便于更好地相互了解和相互帮助，政府在组屋设计上，实行同套型、同标准的设计，鼓励各种族、各宗教信仰的居民混居。由于政府的政策引导，各住宅区居民委员会积极工作，混居在住宅区中的各种族居民均能做到相互尊重、友好和睦相处，实现了真正的民族大团结。自 1969 年以来，再没有发生种族和宗教方面的社会暴乱，保持着新

加坡社会的安定。

（五）专业化的市场运作

新加坡的住房市场分为两种，一是私人的商品房住宅市场，二是政府的公共组屋市场，两者相互独立。所谓公开组屋市场，是指新加坡公民将已购买 5 年以上的组屋公开出售的交易行为。新加坡政府规定每户只能拥有一套组屋，但每户根据条件可享受两次购买组屋的权利，即购买组屋后，随着人口的增加或家庭经济条件的改善，可以再一次申请购买更大更好的组屋，在已购组屋住满 5 年出售后再享受一次。如果想再申请一套组屋，则必须在 6 个月之内出售现有组屋。于是就形成了所谓的公开组屋市场。

一旦新加坡人用完了两次申购组屋的资格，但因为各种原因仍想更换住房时，他面临两种选择，一种是在商品房市场上购买私房，另一种选择是在公共组屋市场上去购买二手组屋。

公开市场中出售的组屋，其售价一般比政府出售的组屋价格高 2 至 4 倍。在公开市场购楼的主要有两类人，一类是新加坡的永久性居民（外国公民取得新加坡的永久居住权），如许多在新加坡工作的马来西亚公民或英国公民，他们组成家庭，需要购房，但市场商品房价过高（目前，最便宜的商品房比公开市场上的组屋也要贵 1 至 2 倍），他们只能到公开市场求购。另外一部分人就是新加坡的公民，他们出于地域上的选择到公开市场购置组屋。有的要求选择城市的某个地段，有的则要求与父母、子女居住较近，还有的从小孩上学等方面考虑，所以到公共市场上选择合适的地段购房。

公开市场虽然为自由交易，但由于受申请资格的限制（包括：（1）必须是新加坡公民或永久居民；（2）至少 21 岁；（3）组成一个家庭核心）等，因而交易双方仍然需要在 HDB 办理登记和审理手续，但在交易程序方面则已大大简化和方便。

（六）利用住房公积金制度等有效解决资金难题

1. 完善的住房财政金融政策

新加坡政府以提供低息贷款的形式给予建屋发展局资金支持。政府每年都为建屋发展局提供建屋发展贷款，此贷款是挂账形式，政府不追索还债，而且其利率明显低于市场利率。此外，为保障普通老百姓能够买得起组屋，其售价是由政府根据中低收入阶层的承受能力来确定，而不是靠成本来定价，其远远低于市场价格，由此造成建屋发展局的收支亏损。这部分损失，政府核准后每年都从财政预算中给予补贴。政府财政支撑是新加坡组屋政策得以顺利实施的重要保障。

政府财力既要承担居民住宅区的公共配套建设，还要担负"组屋"的维修与定期翻新。建屋局每年的赤字都由政府资金填补，国民组屋计划占政府常年预算拨款的 3.8%，到目前为止，政府补贴住房建设的资金总额为 138.42 亿新加坡元。在必要的时候，经过批准，建屋发展局还可发行中期债券，来资助组屋发展计划的实施。

2. 创新的住房公积金制度

新加坡成功的住房保障体系还得益于其实行良性循环的公积金制度和住房公积金保障制度。1955 年，新加坡建立了中央公积金制度。这是一项全面的强制储蓄制度，规定雇主（不论是私人机构还是国家机关）和雇员都必须以雇员的薪金为基数，按照法定的公积金缴纳率将个人月薪的一部分存入中央公积金局的个人账户，用于退休、住房、医疗、教育等诸多方面。

不仅如此，住房公积金保障制度还有效地解决了老百姓无力购房的难题，进一步加速了公共住宅的建设。为鼓励低收入阶层购买住房，1968 年 9 月，中央公积金局推出了"公共住屋计划"，规定公积金会员可动用公积金存款购买新的或是转售的建屋发展局组屋，使低收入者既能购房又不影响生活，极大地促进了低收入者购房的积极性。该规定最初只针对最低收入家庭，1975 年后政府又对中等收入家庭放开了限制，允许中等收入家庭申请购买政府组屋。[①]

① 李光耀：《新加坡的公共住房政策——得失之间的政治与地产》，《中外房地产导报》2005 年第 6 期；张祚、刘艳中、陈彪、朱清：《新加坡公共住房发展研究：从"广厦"到"恒产"的智慧》，《建筑经济》2011 年第 3 期；郭伟伟：《"居者有其屋"——独具特色的新加坡住房保障制度及启示》，《当代世界与社会主义》2008 年第 6 期。

后　记

深圳住房制度改革数十载风雨兼程，其跌宕曲折、其艰苦卓绝、其精彩纷呈，无论从住房制度改革固有的内在理论层面，还是从深圳勇于改革、善于创新的实践探索层面，都是难以言状的，岂是区区十余万字可以了却和概括的。

由于篇幅和水平有限，也为避免冲淡主题，未将深圳市场商品房和违法建筑处理等相关改革录入，仅以政府推动的房改和住房保障制度改革切入和展开。由于时间跨度逾30年，资料有限，不免挂一漏万。抑或有不准确之处，敬请谅解。

本书付梓之际，特别感谢深圳市原常务副市长吕锐锋同志，其专为本书撰写的"导论"洋洋万余言，哲学思辨见诸笔端，赤子之心跃然纸上。特别感谢市政府秘书长李廷忠同志和市住建局局长张学凡同志给予本书的大力支持帮助。衷心感谢市政府副秘书长许重光同志，市住建局前任局长李荣强同志、杨胜军同志，市住建局副局长洪海灵、胡建文、邝龙桂、黄昌鸿、王曙彩、钟晓鸿等领导和同志以及市住建局办公室、房改处、规建处、保障署和公积金中心等相关处室单位，在本书撰写和编辑的不同阶段给予我们的指导、支持与帮助。衷心感谢市社科院对本书编辑出版付出的艰辛劳动。借此机会，我们也向所有关心、支持和帮助本书的同志们致以崇高的敬意和诚挚的谢意！

陈蔼贫
2017 年 4 月 28 日于深圳